はじめに

わたしの仕事場は京都市内、小さな古いビルの三階にあります。
御所の森の南側。窓からの眺めの良い場所です。
仕事の合間、時折向かいの森を歩きます。
土の上を歩いて気持ちをたいらにしてまたスタートします。
日々通っていても同じ景色のない散歩は、
ほんの少しずつ季節が移ろいでゆくことを静かに教えてくれます。
そして、食べること、暮らしていくことはこの緑とともにあることを知ります。
あなたがつれて帰った好きなもので満ちた一皿の料理が、
繰り返してゆくいつもの日を、昨日とほんの少し違う今日にしてくれますように。

森下美津子

目次

レシピについて

- 「作り方」に記載している小さじ1は5㎖、大さじ1は15㎖、1合は180㎖、1カップは200㎖です。
- 「少々」「適量」の量は、はじめに少し味をみながら増やして、ご自身のちょうどよいと感じる量をみつけてみてください。
- 火加減は、記載のない限り中火ですが、使用される熱源により、その時々で加減をしてください。
- 野菜や果物は、洗う、皮をむく、など基本の下処理を済ませてからのレシピを記載しています。
- 調味料について、指定のない場合、オリーブオイルはエキストラヴァージンオイル、酒は日本酒、しょうゆは濃口醤油、胡椒は黒胡椒、塩は天然海塩、みりんは本みりん、バターは無塩バター、砂糖はきび砂糖を使用しています。
- 材料は作りやすい分量をもとに作成しているため、出来上がり量に差があります。

季節を家につれてくる

——旬をみつける小さなごちそう——

森下美津子

春

蕗の薹、うるい、蕨、青豆、筍

陽射しが柔らかになる頃

立春 risshun　東風凍を解く

金柑と生ハムのフリット

［材料］（2〜3人分）
○ 金柑（きんかん）…7〜8個
○ 生ハム…14〜16枚
○ 小麦粉…大さじ4
○ オリーブオイル

［作り方］

1　金柑は横半分に切り、種を取り除く。一つずつ生ハムで金柑を巻く。

2　小麦粉と水大さじ6を混ぜて衣を作り、**1**に付けて170〜180℃のオリーブオイル適量で揚げる。

金柑の塩トースト

［材料］（1人分）
○金柑…3個
○メープルシロップ…大さじ1
○食パン…1枚
○バター…適量
○塩

［作り方］
1 金柑は輪切りにして種を除き、メープルシロップとあえておく。
2 食パンにバターを塗り、**1**を並べる。トースターで焼き色が付くまで焼く。塩少々を振る。
◎マルドン等の結晶塩を振ると、甘さの中に時々カリッと塩気が効いておいしいです。

金柑の蜂蜜漬け
金柑10個は種を取り除き、輪切りにする。容器にいっぱいになるまで詰め、全部浸かるまで蜂蜜を注ぐ。冷蔵庫で1日以上寝かせる。翌日から食べられます。好みの量のお湯で割って金柑茶に。

豚と金柑のソテー

【材料】（2人分）
○豚肉（とんかつ用程度の厚みのもの）…2枚
○塩、黒こしょう
○金柑…10個程度
○オリーブオイル

【作り方】
1 豚肉に塩少々と黒こしょう少々を振る。金柑は横半分に切り、種を取り除いておく。
2 フライパンにオリーブオイル適量を熱し、豚肉を焼く。鍋の蓋等を使い肉をフライパンに押し付けるように焼くと、きれいに焼き色が付きます。片面が焼けて裏返すとき、空いているところに金柑を加え、一緒に焼く。
◎オイルを多めにすると金柑のソースのようになり、味がよく馴染(なじ)みます。

春菊とくるみのサラダ

[材料]（2〜3人分）

○春菊…4〜5本
○くるみ…10個程度（ローストしたもの）
○パルミジャーノ・レッジャーノ…適量
○調味料＝粒マスタード…小さじ2、白ワインビネガー…小さじ2、オリーブオイル…大さじ2、蜂蜜…小さじ1と½、塩とこしょう…各少々

[作り方]

1　春菊は葉の部分を使う。食べやすい長さにしておく。くるみは実を手で砕く。チーズは食べやすい大きさに切る。

2　調味料を全て合わせて**1**をあえる。

春菊のくるみ味噌あえ

［材料］（2～3人分）
○春菊…4～5本分（葉の部分を使う）
○くるみ…4～5個
○味噌…大さじ1
○みりん…少々
○しょうゆ…少々

［作り方］
1 春菊は葉の部分をちぎり、さっとゆでて水気を絞っておく。
2 すり鉢でくるみを粗くつぶし、味噌、みりん、しょうゆと合わせる。**1**とあえる。

春菊とキムチのチヂミ

[材料]（3〜4人分）
- ○春菊…5〜6本
- ○白菜のキムチ…100g
- ○小麦粉…70g
- ○卵…1個
- ○かつお節…ひとつかみ
- ○菜種油
- ○ごま油
- ○コチュジャン…好みで

[作り方]

1　春菊は4〜5cmの長さに切る。キムチは大きければ3〜4cm程度の大きさに切る。

2　小麦粉、卵、水大さじ5、かつお節を合わせ**1**とあえる。

3　フライパンに菜種油適量を熱し**2**を広げる。中弱火でじっくりと両面を焼く。最後にごま油適量をフライパンの端から流し入れて香りを付ける。好みでコチュジャンを付けていただく。

雨水 usui 土脈潤い起こる

菜の花の春巻き

【材料】（3～4人分）
○菜の花…1束
○ちりめんじゃこまたはしらす…大さじ2
○春巻きの皮…1袋
○塩、こしょう
○揚げ油
○パルミジャーノ・レッジャーノ

【作り方】
1 熱湯に塩少々を入れ、菜の花を10秒ゆでて、すぐにざるにあける。冷めたら水気を切り、小口切りにする。
2 **1**にちりめんじゃこ、こしょう少々を入れて混ぜ合わせる。
3 春巻きの皮で包み、160～170℃の油適量で揚げる。
◎塩またはパルミジャーノ・レッジャーノをかけていただきます。

あさりと菜の花のパスタ

【材料】（1人分）

○あさり…½パック
○白ワインまたは酒…大さじ2
○菜の花…½束
○好みのパスタ…70〜80g
○塩
○オリーブオイル

【作り方】

1　パスタは表示通りに塩ゆでする。

2　フライパンにオリーブオイル適量を熱し、あさりと白ワインを入れ、蓋をして蒸す。あさりの口が開いたら菜の花を加えて炒め、**1**のパスタとおたま1杯分のゆで汁を合わせる。

菜の花とエビの水餃子

［材料］（3～4人分）
○菜の花…1束
○塩
○ごま油…小さじ2
○エビ…10尾程度
○豚ひき肉…200g
○A＝しょうゆ、酒、きび砂糖、おろししょうが…各小さじ1
○餃子（ぎょうざ）の皮…30枚程度

［作り方］

1　菜の花は1㎝の長さに切り、塩適量を振り、10分程おいてよく絞り、ごま油をあえておく。エビは殻と背わたを除き、1㎝の長さに切る。

2　ボウルに豚ひき肉とAの調味料を入れ、よくこねる。粘りが出たら菜の花とエビを加えて混ぜる。

3　餃子の皮で包み、多めの湯を沸かした鍋で4～5分ゆでる。

豆乳のゼリー

[材料]（4～5人分）
○無調整豆乳…500cc
○きび砂糖…50g
○粉ゼラチン…7g

[作り方]

1　ゼラチンは大さじ3の水でふやかしておく。

2　鍋に豆乳と砂糖を入れ、火にかける。砂糖が溶けたらゼラチンを加え、ゼラチンが溶けたらすぐに火を止める。

3　**2**を鍋ごと冷水に浸けて粗熱を取り、冷めたら容器に移し、冷蔵庫で冷やして固める。

みかんのソース

みかん5個は皮をむいて計量し、薄皮ごとミキサーにかける。みかんの正味量の20％のグラニュー糖とともに火にかけ、あくを丁寧にすくう。好みでレモン汁を加える。

鶏だしの中華がゆ

［材料］（3〜4人分）
○米…150g（約1合）
○鶏肉（好みの部位）…400〜500g
○塩
○酒…適量
○長ねぎの青い部分（あれば）…1本分
○しょうが…1片（薄切り）
○サラダ油

［作り方］
1 米を研いでざるにあげておく。
2 鶏肉に塩適量と酒を振り、ぴったりとラップをかけ、10分おいておく。表面の水分をキッチンペーパーで拭き取る。
3 鍋に**2**と水10カップ、ねぎ、しょうが、酒大さじ2を入れ、火にかける。沸騰したら弱火にして10分ゆで、火を止めて冷めるまで待つ。冷めたら肉を取り出す。
4 別鍋にサラダ油少々を入れ、米を炒める。**3**のスープを加え、沸騰したら蓋をして弱火にする。40分〜1時間炊く。塩で調味する。
◎ザーサイやピータン、薬味やナッツ類と召し上がってみてください。

ブロッコリーとバジルのサラダ

［材料］（2人分）
○ブロッコリー…½株
○塩
○バジルソース…大さじ1〜2
　→104頁
○ゆで卵…1個

［作り方］
1　ブロッコリーを小房に分け、塩適量でゆでる。
2　**1**をバジルソースであえて器に盛り、ゆで卵を手で割って添える。

啓蟄 keichitsu　蟄虫戸を啓く

いちごのソーダ

［材料］（5～6人分）
○いちご…150g
○レモン汁…小さじ2
○グラニュー糖…160g
○炭酸水…適量

［作り方］
1　いちごと水80cc、レモン汁を合わせ、ミキサーにかける。
2　**1**と砂糖を火にかけ、沸騰したらあくをすくう。
3　**2**の粗熱を取り、4倍程度の炭酸水で割る。

いちごとトマトのしょうゆあえ

[材料]（2人分）

○ミディサイズのトマト…4〜5個

○いちご…½パック

○調味料＝しょうゆ…大さじ1、きび砂糖…小さじ2、おろししょうが…小さじ2、玉ねぎのみじん切り…大さじ1

[作り方]

1　トマト、いちごを好みの大きさに切り、器に盛る。

2　調味料をよく合わせ、**1**にかける。

◎トマトだけで作ってもおいしい台湾風のあえ物です。

ホットケーキ

［材料］（3人分）
○ホットケーキミックス＝薄力粉…200g、きび砂糖…大さじ2、ベーキングパウダー…小さじ2、塩…ひとつまみ
○卵…1個
○牛乳…200〜250cc

［作り方］
1　ホットケーキミックスを作る。薄力粉、砂糖、ベーキングパウダー、塩を合わせてふるう。
2　**1**に卵と牛乳を加えホイッパーで混ぜる。
3　フライパンを中火で熱し、お玉1杯ずつ両面を焼く。フライパンが温まってきたら火を弱めにする。好みでバターやメープルシロップをかける。
◎牛乳を200ccにすると厚め、250ccにすると薄めの焼き上がりです。お好みの濃度で。

いちごとクリームチーズのパウンド

［材料］（18×8・5×高さ6㎝のパウンド型）

○ホットケーキミックス…約115ｇ→22頁
○バター…100ｇ（室温に）
○きび砂糖…70ｇ
○卵…2個（室温に）
○いちご…100ｇ程度（2㎝角に切る）
○クリームチーズ…60ｇ（2㎝角に切る）

［作り方］

1　オーブンを170℃に予熱する。型に油（分量外）を塗り、クッキングシートを敷く。

2　大きめのボウルにバターを入れ、ハンドミキサーで混ぜてマヨネーズ状にする。砂糖を3～4回に分けて加え、混ぜ合わせる。卵を溶いて少しずつ加え、さらに混ぜ合わせる。

3　ふるい合わせたホットケーキミックスを入れ、ゴムベラで底から返すように混ぜる。途中でいちごとクリームチーズを加えて粉気がなくなるまで混ぜ合わせる。型に入れて170℃で45分焼く。焼く前に中心をくぼませると、真ん中に割れ目ができて膨らみやすい。

マスカルポーネといちごのデザート

［材料］（3～4人分）
○いちご…1パック（半分はソースに、半分は生のままで）
○フランボワーズ…½カップ（冷凍のものでもよい）
○砂糖…大さじ2
○白ワイン…大さじ1
○マスカルポーネチーズ…1パック

［作り方］
1　いちごは4～6等分の大きさに切っておく。
2　**1**のいちご半量、フランボワーズ、砂糖、白ワインを鍋に入れ、3～4分煮詰める。あくが出たらすくう。
3　器にマスカルポーネチーズを盛り、**2**のソースを冷ましたものをかける。残しておいた**1**の半量のいちごを添える。

いちごのグラタン

【材料】（1〜2人分）
○いちご…6〜7個
○卵黄…1個分
○グラニュー糖…小さじ2
○生クリーム…大さじ3
○小麦粉…小さじ1
○カッテージチーズ…大さじ2
○ラム酒…少々
○バター…10g

【作り方】
1　グラタン皿にバター（分量外）を薄く塗る。
2　ボウルに卵黄、グラニュー糖を入れ、ホイッパーでよく混ぜる。生クリーム、小麦粉を加え、さらに混ぜる。カッテージチーズ、ラム酒を加えざっとあえる。グラタン皿に流し入れる。
3　**2**のグラタン皿にいちごを並べる。バターを手でちぎりながら全体に散らす。180℃に予熱したオーブンで15〜20分、焼き色が付くまで焼く。

春分 shunbun　雀始めて巣くう

桜シロップ

【材料】（4～5人分）
○桜の花の塩漬け…10個くらい
○グラニュー糖…100g
○レモン汁…大さじ1

【作り方】
1　桜の花の塩漬けは塩抜きする。
2　水150ccと全ての材料を鍋に入れ、沸騰させて砂糖を溶かす。味を見てレモン汁の量を調整する。
◎4倍程度の炭酸水で割ったりヨーグルトにかけたりして楽しみます。

あさりと春キャベツの酒蒸し

【材料】(2～3人分)
○あさり…1パック
○春キャベツ…1/8個
○酒…大さじ3
○塩

【作り方】
1 あさりは砂抜きして殻をよく洗う。春キャベツは食べやすい大きさに切る。
2 フライパンにあさり、キャベツ、日本酒を入れて火にかける。蓋をしてあさりの口が開いたら味を見て、塩気が足りなければ塩少々を加える。

うすいえんどうのおはぎ

【材料】（1～2人分）
○うすいえんどう餡（あん）…全量
○ごはん…お茶わんに軽く1膳

【作り方】
1　ごはんはすりこぎでつぶすか、ラップで包んで手でもんでつぶしておく。手を水でぬらして好みの個数に丸める。
2　**1**を餡で包む。

うすいえんどう餡

うすいえんどう100gをさやから出して、やわらかめに塩ゆでする。グラニュー糖50gと共にすり鉢またはブレンダーでつぶし、鍋に戻す。火にかけ、砂糖が溶けて餡がゆるんだら、好みのかたさになるまで煮詰める。

うすいえんどうのポタージュ

[材料]（2～3人分）
○うすいえんどう（さやから出して）…100g
○新玉ねぎ…½個（薄切り）
○新じゃがいも…1個（薄切り）
○昆布だし…1と½カップ
○牛乳または豆乳…1カップ
○塩
○オリーブオイル

[作り方]

1　オリーブオイル少々で、うすいえんどう、新玉ねぎ、新じゃがいもを炒め、だしを加えて蓋をして、火が通るまで煮込む。

2　ブレンダーまたはミキサーで攪拌（かくはん）し、牛乳または豆乳を加えて温める。塩適量で味を調える。あればディル（分量外）を散らす。

うすいえんどうのディップ

［材料］（3〜4人分）
○うすいえんどう（さやから出して）…100g
○クリームチーズ…100g
○レモン汁…小さじ½
○塩、黒こしょう

［作り方］
1　うすいえんどうは塩ゆでする。クリームチーズとレモン汁と共にフードプロセッサーにかけてペースト状にする。黒こしょう適量を振る。

うすいえんどうと文旦の白あえ

［材料］（2〜3人分）

○うすいえんどう（さやから出して）…50g
○絹ごし豆腐…½丁
○練りごま…大さじ1
○白味噌…大さじ1
○薄口しょうゆ…少々
○文旦…½個
○塩

［作り方］

1　うすいえんどうは塩少々でゆでておく。

2　豆腐、練りごま、味噌、しょうゆをすり鉢、またはブレンダーなどでよくすり混ぜる。**1**をあえる。皮をむいた文旦を添えて一緒にいただく。

清明 seimei　燕来る

たけのこのきんぴら

［材料］（3〜4人分）
○ゆでたけのこ…200g
→37頁
○しょうゆ…大さじ1
○みりん…大さじ1
○木の芽…（あれば）適量
○菜種油

［作り方］
1　たけのこは薄切りにする。フライパンに油適量を熱し、たけのこを炒める。しょうゆとみりんを加えて汁気がなくなるまで煮詰める。
2　器に盛り、木の芽をあしらう。

たけのこのグリルアンチョビーソース

【材料】（3～4人分）
○ゆでたけのこ…200g程度　↓37頁
○菜種油
○ソースの材料＝アンチョビー…4～5枚、オリーブオイル…50cc、にんにく…1片、バター…10g、塩…適量

【作り方】
1　たけのこは食べやすい大きさに切り、指先で表面に油少々を薄く塗る。200℃に予熱したオーブンで15分程度焼き色が付くまで焼く。
2　ソースを作る。アンチョビーは細かく刻み、にんにくは半分に切って芽を除いておく。ソースの材料を小鍋に入れて火にかける。にんにくのよい香りがしてきたら火を止める。味を見て塩気が足りなければ塩を加える。焼き上がったたけのこにソースを付けていただく。

たけのこと たたききゅうりの唐辛子あえ

[材料] （3～4人分）

○ゆでたけのこ…150g ↓37頁
○きゅうり…1本
○調味料＝韓国唐辛子…小さじ½または一味唐辛子少々、しょうゆ…大さじ1、きび砂糖…小さじ1、ごま油…少々
○塩

[作り方]

1 たけのこは食べやすい大きさに切り、さっとゆでてざるにあける。きゅうりは麺棒などでたたき、食べやすい大きさに切り、塩少々を振っておく。

2 ボウルに調味料を混ぜ合わせ、たけのこ、水気を絞ったきゅうりをあえる。

たけのこと牛肉の煮物

【材料】（2〜3人分）

○ゆでたけのこ…150〜200g
　↓37頁
○しょうが…1片（千切りに）
○酒…大さじ2
○だし…1カップ
○みりん…大さじ1と½
○しょうゆ…大さじ1と½
○牛肉（しぐれ煮用）…100g
○菜種油
○木の芽…少々

【作り方】

1　鍋に油少々を熱し、たけのことしょうがを炒める。酒とだし、みりん、しょうゆを加え、10分程煮込む。

2　牛肉を加えて5分程煮込む。器に盛り、木の芽をのせる。

たけのこの山椒あえ

［材料］（2～3人分）
○ゆでたけのこ…100g程度
○だし…1カップ
○薄口しょうゆ…小さじ2
○白味噌…大さじ2
○みりん…少々
○粉山椒（こなざんしょう）…少々

［作り方］
1　たけのこはさいの目に切り、だしとしょうゆで10分程炊いて、そのまま煮汁の中で冷ます。
2　白味噌にみりんを加え、あえやすい固さにする。山椒を加える。汁気を切ったたけのこをあえる。

たけのこのあく抜き・ゆで方

【材料】（作りやすい量）
○たけのこ…2～3本
○米ぬか…1カップ
○赤唐辛子…1本

【作り方】
1　たけのこの先端から1/5くらいのところを斜めに切り落とす。切り口の真ん中に7～8㎝の切り込みを入れる。鍋に水を張り、全ての材料を入れ、小さいもので2～3時間程ゆでる。
2　時々竹串を刺して、やわらかくなったら時間より短くてもゆで上がりとする。そのままゆで汁の中で冷ます。冷ますことであくが抜ける。
◎たけのこは新鮮なものを。切り口が茶色になっていないもの、先端から緑色の葉が出ていないものを選びます。

穀雨 kokuu 葭始めて生ず

焼きそら豆

【材料】（2〜3人分）
○そら豆…4〜5さや
○塩

【作り方】
1 そら豆は、さやごとそのまま焼き網で焦げ目が付くまで6〜7分焼く。
2 さやを開き、塩適量をつけていただく。

そら豆のコロッケ

【材料】（2人分）
○そら豆…4〜5さや
○じゃがいも…1個
○塩
○小麦粉…適量
○卵…1個
○パン粉…適量
○揚げ油

【作り方】
1　そら豆はさやから出し、ゆでて薄皮をむいておく。じゃがいもは皮をむいて3〜4等分に切ってゆでる。
2　そら豆とじゃがいもをマッシャーでつぶし、塩適量で味を付けてピンポン球くらいの大きさに丸める。
3　2に小麦粉、溶き卵、パン粉の順に衣を付け、170〜180℃の油適量できつね色になるまで揚げる。

そら豆のかき揚げ

［材料］（2〜3人分）
○そら豆（薄皮を外したもの）…20粒くらい
○小麦粉…大さじ4
○揚げ油

［作り方］
1　そら豆に小麦粉大さじ1をまぶす。小麦粉大さじ3と冷水大さじ3で衣を作り、そら豆をあえる。
2　小さめのお玉などでかき揚げ1個分の量をすくい、170〜180℃の油適量にそっと入れて揚げる。

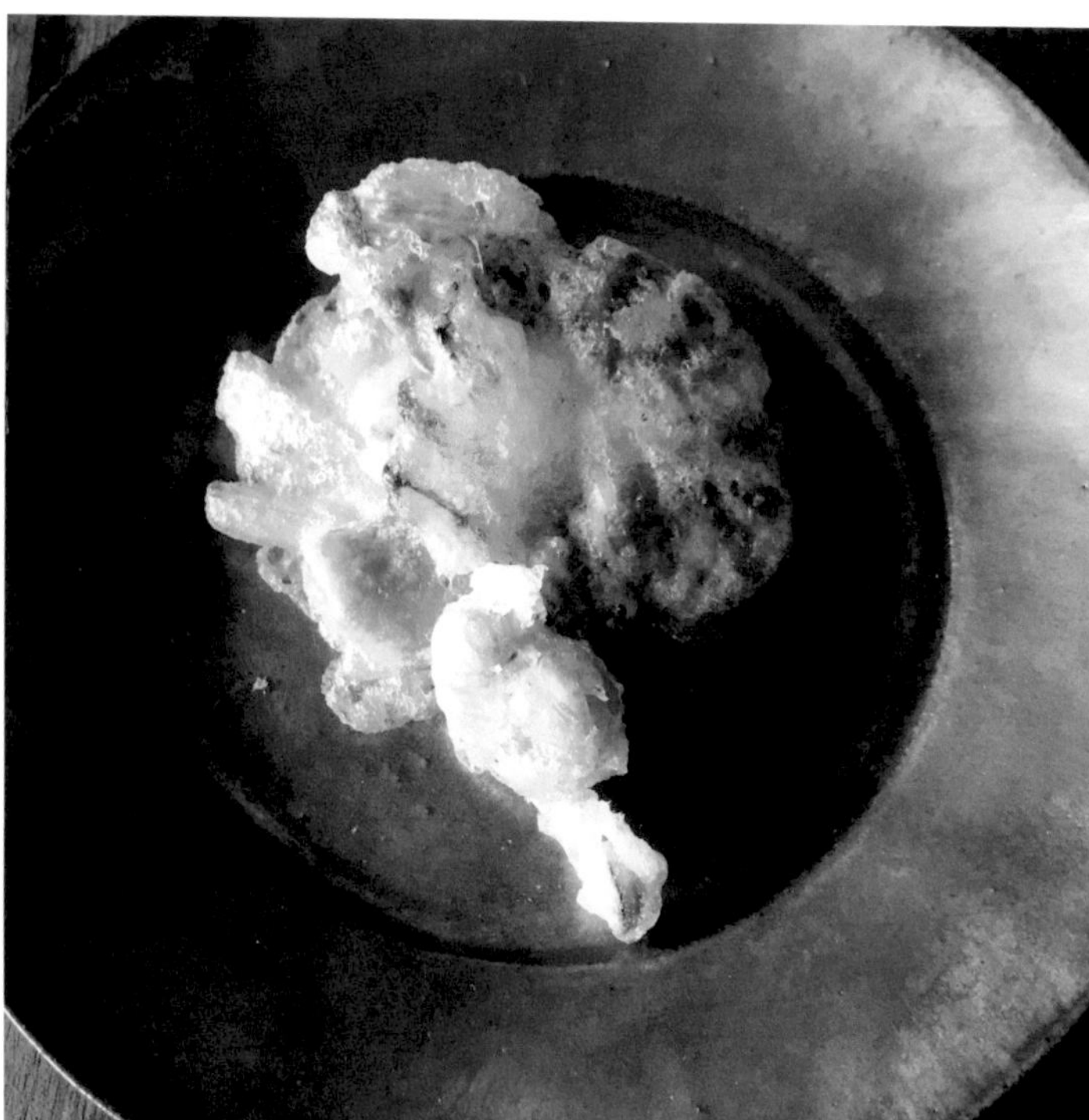

そら豆のペペロンチーノ

【材料】（2人分）
○スパゲティ…160g
○そら豆…5〜6さや
○にんにく…1片
○赤唐辛子…1本
○オリーブオイル…大さじ2
○塩

【作り方】
1 そら豆はさやから出し塩ゆでしておく。
2 スパゲティは水5カップにつき10g程塩を入れた湯で指定時間より1分程短くゆでる。ゆで汁をおたま1杯程とっておく。
3 にんにくは芽を外して薄切りに、赤唐辛子は種を取り除いて4〜5個にちぎっておく。
4 フライパンにオリーブオイル、にんにく、赤唐辛子、そら豆を入れ火にかける。中弱火でじっくりと焼く。
5 パスタのゆで汁を加え、フライパンをゆすって全体を混ぜ合わせる。
6 ゆで上がったスパゲティをフライパンに入れ、ざっと混ぜ合わせる。味を見て足りなければ塩適量を振る。

レモンマーマレード

［材料］（作りやすい量）

○レモン…2個

○グラニュー糖…レモンの重さの50〜60％

［作り方］

1　レモンは種を外しながら、なるべく薄くいちょう切りにする。

2　**1**とひたひたの水でレモンをやわらかくゆでる。蓋をして蒸し煮にするとよい。しっかりとやわらかくなってから砂糖を加え、好みの濃度になるまで煮詰める。

レモンマーマレードようかん

[材料]（10×10㎝の容器1台分）
○白こしあん…250g
○粉寒天…4g
○グラニュー糖…150g
○レモンマーマレード…大さじ3 ↓42頁
○レモン汁…大さじ1

[作り方]
1 鍋に水150㏄と寒天を入れて火にかけ、ゴムベラで混ぜながら沸騰させる。グラニュー糖を加え、再度沸騰したら火から下ろし、白あんを加えてよく混ぜる。
2 もう一度火にかけ、しっかりと練る。ヘラから生地を落とすと一瞬線が見えるようになるまで煮詰める。
3 小皿にマーマレードとレモン汁を入れて混ぜ、**2**を少々加え、馴染ませる。
4 **3**を**2**の鍋に全量加えて混ぜる。型に入れ冷めたら、好みの大きさに切り分ける。

夏

影の色濃くなってきたら
梅、さくらんぼ、プラム、桃
瞬く間に通りすぎる果物で喉潤す頃

立夏 rikka 蛙始めて鳴く

キウイとクレソンのサラダ

【材料】（2〜3人分）
○クレソン…1束
○キウイフルーツ…1個
○オリーブオイル
○塩

【作り方】
1 クレソンは3〜4㎝の長さに切る。キウイフルーツの半量はいちょう切りに、残り半分は包丁でたたいて細かくする。
2 1をオリーブオイル適量、塩少々であえる。

クレソンのオムレツ

【材料】（2人分）
○クレソン…1束
○卵…3個
○牛乳…大さじ2
○塩
○バター…10g
○菜種油

【作り方】
1　クレソンは2〜3㎝の長さに切る。ボウルに卵を溶き、牛乳、塩少々を加える。クレソンを卵液に入れ、混ぜ合わせる。
2　直径20㎝程度のフライパンをよく熱し、バターと菜種油適量を溶かす。**1**の卵液を入れ、フライパンを片手で揺すりながら、反対の手で菜箸を持ち、混ぜて半熟状にする。端から巻いて器に盛る。

豚とクレソンの冷しゃぶ

【材料】（2人分）
○豚しゃぶしゃぶ用薄切り…150〜200g
○酒…大さじ2
○クレソン…1束
○ごまだれの材料＝ねりごま…大さじ1、ぽん酢しょうゆ…大さじ2、きび砂糖…少々、水…大さじ1、ゆずこしょう…小さじ1

【作り方】
1　ねりごま、ぽん酢、きび砂糖、水、ゆずこしょうを混ぜ、ごまだれを作っておく。
2　鍋に湯を沸かし、酒を加え、沸騰したら弱火にする。豚肉を1枚ずつ入れてゆでる。煮立てると肉がかたくなるので、弱めの火がよい。色が変わったのを確認して器にあげる。常温で冷ます。
3　クレソンを食べやすい長さに切り、**2**と器に盛り、一緒にごまだれをつけていただく。

緑のミネストローネ

［材料］（4人分）
○スナップエンドウ…7～8本
○玉ねぎ…½個（1㎝角に切る）
○ベーコン…30ｇ（拍子木切り）
○キャベツ…¼個（ざく切り）
○じゃがいも…1個（2㎝角に切る）
○押し麦…大さじ2
○にんにく…1片（薄切り）
○オリーブオイル、白ワイン…各大さじ2
○塩麴、黒こしょう、バジルソース…各適量

［作り方］

1　スナップエンドウはへたと筋を取り、3～4分塩ゆでして、ざるにあげておく。

2　鍋にオリーブオイルとにんにくを入れ、火にかけ、玉ねぎとベーコンを炒める。

3　**2**にキャベツと白ワインを加え、ざっと混ぜ蓋をして中弱火で10分蒸し煮にする。水分が足りなければ野菜がかぶるまで水を足す。

4　じゃがいもと押し麦を入れ、蓋をしてさらに15分程度煮込む。**1**を加え、塩麴で味を調える。黒こしょうを振る。好みでバジルソースをかける。

ふきとベーコンの炒め

［材料］（2人分）
○ふき…3本程度
○ベーコン（できればブロックのもの）…30g
○塩、黒こしょう
○オリーブオイル…大さじ1

［作り方］
1　ふきを下ゆでする。ゆでる鍋の直径に合わせふきを切る。大さじ1程度の塩で板ずりし、塩を落とさずに沸騰した湯に入れてゆでる。3〜5分ほどして色鮮やかになったらざるにあけ、冷水にさらす。ふきの皮を端から手で反対側までひっぱるようにむいていく。
2　下ゆでしたふきを4〜5㎝の長さに切る。ベーコンは拍子木切りにする。
3　フライパンにオリーブオイル大さじ1を入れ火にかけ、ベーコンを炒める。弱めの火でカリッとするまでじっくりと焼く。
4　ふきを加えさっと炒め、塩と黒こしょう適量で味を調える。

甘夏と甘酒のジェラート

[材料]（5〜6人分）

○甘夏…1個
○バナナ…1本
○きび砂糖…大さじ2
○甘酒（米麹の甘酒、2倍に薄めて飲むタイプのもの）…250g
○牛乳…½カップ

[作り方]

1 甘夏は皮と薄皮を外しておく。バナナは皮を外し手でざっと割っておく。
2 大きめのボウルに全ての材料を入れブレンダーまたはミキサーで攪拌（かくはん）する。
3 密閉容器に入れ冷凍庫で凍らせる。1〜2時間で半分凍ったらもう一度ブレンダーまたはミキサーで混ぜ凍らせる。

小満 shouman　蚕起きて桑を食う

すいかソーダ

［材料］（4人分）
○すいか…1/8個
○グラニュー糖…50g
○レモン汁…大さじ1
○炭酸水

［作り方］
1　すいかは3～4㎝角に切り、見える範囲の種を取り除く。
2　半分はビニール袋に入れ、冷凍する。
3　残りの半分とグラニュー糖、レモン汁をミキサーに入れ、攪拌（かくはん）する。
4　**3**のシロップと**2**の凍ったすいかをグラスに入れ、炭酸水で3倍程度に割る。
◎当日中にお召し上がりください。

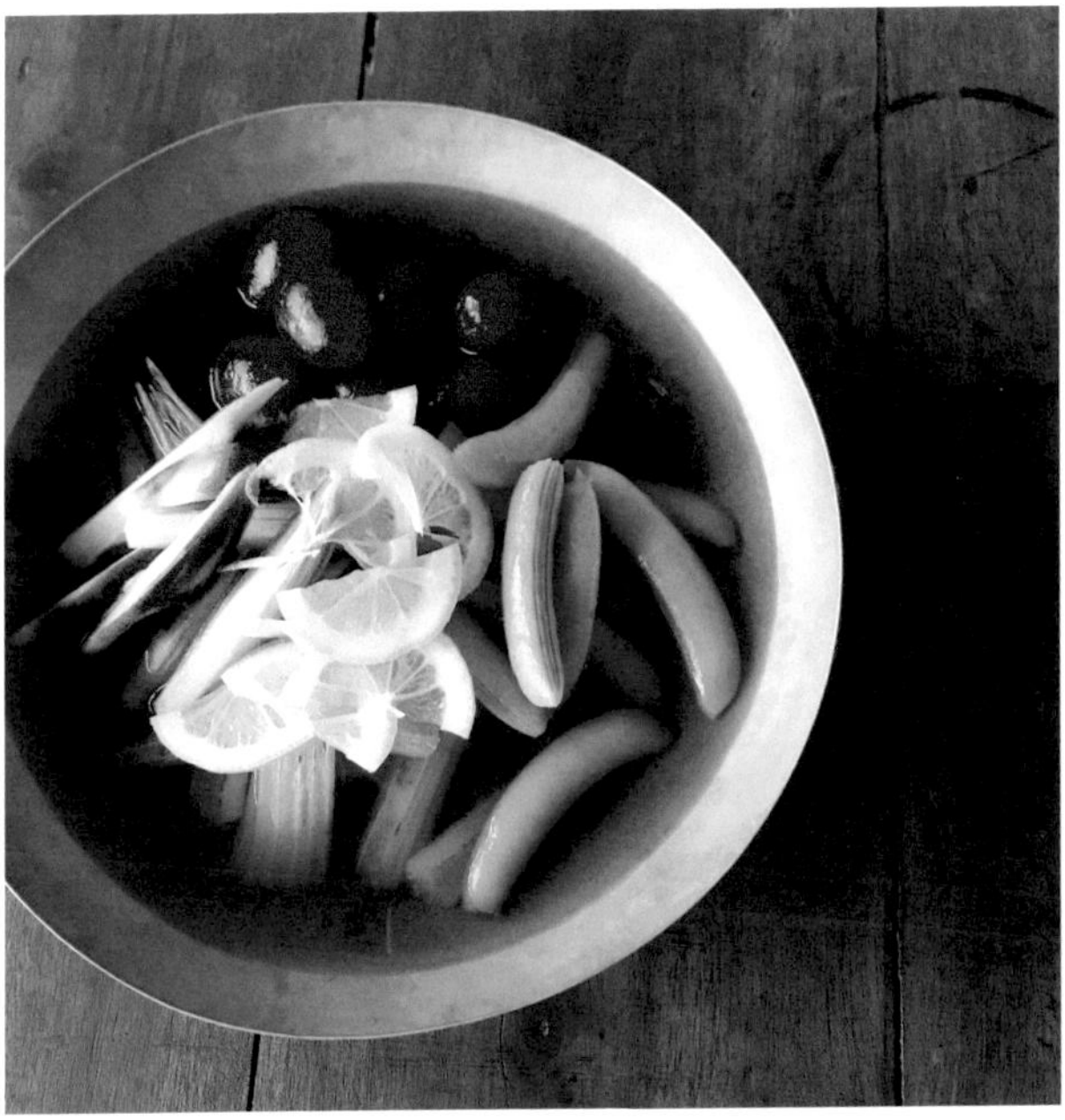

初夏の野菜の焼き浸し

【材料】（2〜4人分）
○プチトマト…7〜8個
○スナップエンドウ…7〜8本
○なす…1〜2本
○みょうが…3個
○セロリ…1本
○だし…1カップ
○薄口しょうゆ、みりん…各大さじ1
○レモン…½個
○サラダ油

【作り方】
1　プチトマトは湯むきする。スナップエンドウは筋を取り下ゆでする。みょうがは縦4等分にする。なすとセロリは食べやすい大きさに切る。レモンは半量を薄切りに、残り半量の果汁を搾っておく。
2　だし、薄口しょうゆ、みりんを鍋に入れ、ひと煮立ちしたらレモン果汁を入れる。
3　フライパンにサラダ油少々を入れ火にかけ、なすとセロリをじっくりと焼く。
4　器に野菜を彩りよく盛り、**2**を注ぐ。レモンの薄切りを上にのせる。

トマトとプラムのサラダ

［材料］（2～3人分）
○トマト…1個
○プラム…2個
○赤ワインビネガー…大さじ1
○さくらんぼのジャム…大さじ1（または砂糖小さじ1）→68頁
○オリーブオイル…大さじ1
○塩
○バジル…6～7枚

［作り方］
1 トマトとプラムは同じくらいの大きさに乱切りにする。
2 ワインビネガー、ジャム、塩少々をよく混ぜ、塩が溶けたらオイルを加えてドレッシングを作る。
3 プラムとトマトを器に盛り、ドレッシングをかけてバジルを散らす。

鶏とトマトのフォー

【材料】（2人分）
○フォー（乾麺）…120g
○スープの材料＝鶏手羽肉…4〜5本、しょうが薄切り…3〜4枚、ねぎ…5㎝程度、昆布…5㎝程度、酒…大さじ1
○ナンプラー…大さじ1　○塩、黒こしょう
○もやし…¼袋　○トマト…¼個（2㎝角）
○アボカド…½個（薄切り）
○三つ葉またはパクチー…適量（3㎝に切る）
○レモンまたはライム（くし形に切る）

【作り方】
1　フォーは水に30分浸け、ざるにあける。
2　鍋に水4カップとスープの材料を入れ火にかける。沸騰したら10分ゆで、火を止めて冷ます。肉を取り出し、身をほぐしておく。スープをざるでこす。
3　**2**にナンプラー、塩少々を入れ、もやし、トマトを加えひと煮立ちしたら火を止める。
4　麺を1分30秒〜2分ゆで、器に盛る。鶏肉を入れスープを注ぐ。アボカド、三つ葉またはパクチーをのせ、黒こしょうをひく。好みでレモンやライムを搾る。

トマトとにらと梅のスープ

【材料】（2〜3人分）
○トマト…1個
○にら…½袋
○しらす…大さじ2
○しょうが…1片（千切り）
○卵…1個
○梅干し…1個
○ナンプラー…小さじ2
○片栗粉…小さじ2
○ごま油

【作り方】
1　トマトは乱切りに、にらは2〜3㎝の長さに切る。梅干しはたたいておく。
2　鍋にサラダ油（分量外）を敷き、しょうがを入れ火にかける。よい香りがしてきたら、にら、トマトの順に加え炒める。
3　**2**の鍋に水2カップ、しらす、梅干しを加え5分程度煮込む。ナンプラーを入れる。片栗粉を水大さじ1で溶き、鍋に加えてとろみをつける。
4　**3**の鍋が再び沸騰したら、卵を溶いて加える。ごま油少々を振り、香りをつける。

おくらのサブジ

【材料】（2〜4人分）
- ○おくら…1袋
- ○トマト…1個
- ○玉ねぎ…½個
- ○クミンシード…小さじ¼
- ○ターメリック…小さじ½
- ○塩
- ○オリーブオイル

【作り方】

1 おくらは塩をふって板ずりし、がくを取る。長さを2〜3等分に切る。玉ねぎは薄切り、トマトは皮ごと2㎝角程度の大きさに切る。

2 フライパンにオリーブオイル少々とクミンシードを入れ、火にかける。香りが出たら玉ねぎを加えて炒める。おくらを入れ馴染んだらターメリックを入れる。

3 トマトと塩少々を入れ、ひと混ぜしたら蓋をして弱火で蒸し焼きにする。

4 ときどき蓋をあけて混ぜ、トマトがくったりして、おくらがやわらかくなったらできあがり。塩が足りなければ足す。

芒種 boushu 蟷螂生ず

メロンのスープ

［材料］（4人分）
○メロン…½個
○オレンジジュース…大さじ4
○グラニュー糖…大さじ2

［作り方］
1　メロンは種を出し、種のまわりについた果汁をざるでこす。種のまわりの汁が甘いので残さず使いましょう。
2　メロンの果肉を取り出し、オレンジジュース、砂糖を加えてミキサーにかける。砂糖の量はメロンの甘さによります。入れなくてもいいし、足りなければ足してください。
3　冷蔵庫でよく冷やしていただく。

ほうじ茶くず餅

［材料］（2～3人分）
○ほうじ茶…5g
○くず粉…40g
○きなこ…適量
○黒蜜…適量

［作り方］

1　ほうじ茶をいれる。300ccの熱湯に茶葉を入れ、冷めるまでそのままにしておく。

2　**1**のほうじ茶240cc分を茶こしでこし、ボウルに入れる。

3　**2**にくず粉を入れ、指先でよく溶かす。茶こしでこしながら、鍋に入れる。

4　**3**の鍋を中弱火にかけ、ゴムべらまたはしゃもじで練る。透明感が出てきてから2分程度を目安にしっかりと火を通す。ゆっくりと手を止めないで混ぜるように。

5　ざっと水で濡らした器に**4**の生地を広げ、平らにならす。ぴったりと生地に沿うようにラップをかけて冷ます。

6　適当な大きさに切り分け、きなこや黒蜜をかけていただく。

焼きセロリの土佐酢

［材料］（3～4人分）
○セロリ…1～2本
○土佐酢の材料＝酢…大さじ2、しょうゆ…小さじ1強、きび砂糖…大さじ1、だし汁…大さじ1、かつお節…ひとつまみ

［作り方］
1　セロリは葉を落とし適当な長さに切り、網で両面をじっくりと焼く。やわらかくなったら食べやすい大きさに切る。
2　土佐酢を作る。小鍋に酢、しょうゆ、砂糖、だし汁を入れ火にかける。砂糖が溶けたら火を止めてかつお節を入れる。冷めるまで置いておく。ざるでこす。
3　**1**のセロリを**2**に漬ける。

とうもろこしごはん

［材料］（4人分）

○米…2合
○とうもろこし…½本（芯から実を外しておく）
○赤玉ねぎ…¼個（みじん切りにして水にさらし、水気を切っておく）
○パセリまたはイタリアンパセリ…2枝分程度
○塩…小さじ1
○酒…大さじ2
○バター…15g
○黒こしょう

［作り方］

1　米を研いで炊飯器に入れる。水2カップ、塩、酒を加え、ざっと混ぜ合わせる。米の上にとうもろこしの芯、実を入れ炊く。

2　炊きあがったら芯を取り出し、バター、赤玉ねぎ、パセリ、黒こしょう少々を入れて全体を混ぜ合わせる。

まぐろのオイル漬け

【材料】（作りやすい量）
○まぐろ…1さく
○にんにく…1片分（薄切り）
○赤唐辛子…1本（種を取り除いておく）
○ローリエ…1枚
○オリーブオイル
○塩

【作り方】
1　まぐろは2㎝弱の厚さに切る。バットに広げ、両面に塩適量を振り10分くらいおく。水気が出てきたらキッチンペーパーで拭き取る。
2　フライパンにオリーブオイル適量を敷き、**1**のまぐろを並べる。にんにく、ローリエ、唐辛子を加えまぐろの厚さぎりぎりのところまでオイルを追加する。
3　**2**のフライパンを弱火に15分かける。15分経ったらフライパンの中でそのまま冷ます。
4　ホウロウまたはガラスの容器（できれば煮沸またはアルコールをかけて）に**3**を移す。オイルでまぐろが浸かっているようにする。足りなければオイルを足す。

いんげん豆のスパイシーサラダ

［材料］（2〜3人分）
○いんげん豆（三度豆）…1袋
○とうもろこし（ゆでて実を外したもの）…小さじ2程度
○ドレッシングの材料＝オリーブオイル…大さじ1と½、りんご酢…小さじ2、塩…ふたつまみ程度、カレー粉…少々、ディジョンマスタード…少々、砂糖…小さじ¼、チリパウダー（あれば）…少々

［作り方］
1 いんげん豆は塩ゆでして3㎝長さに切る。
2 ドレッシングを作る。オイル以外の材料を加えてよく混ぜ、最後にオイルを加え混ぜる。味を見て塩、カレー粉を加減する。
3 いんげん豆、とうもろこしを**2**のドレッシングであえる。

夏至 geshi　乃東枯る

ズッキーニのサラダ

【材料】（2人分）
○ズッキーニ…⅓本（薄い輪切り）
○すだち…2個（1個を薄い輪切り、1個を横半分に切る）
○オリーブオイル
○塩
○にんにく…1片（包丁の腹でたたいて軽くつぶしておく）
○ディル…適量

【作り方】
1　ズッキーニに塩適量を振り、にんにくと一緒に混ぜ合わせてしばらく置く。水気を絞り、器に広げる。
2　すだちの輪切りを重ねて広げる。オリーブオイル適量、塩適量を振り、半分に切ったすだちの果汁を搾る。
3　ディルを散らす。

豚とズッキーニの黒酢炒め

［材料］（2〜3人分）
○ズッキーニ…1本
○豚肉（薄切り）…80〜100g
○塩
○酒…大さじ1
○片栗粉…大さじ½
○合わせ調味料＝黒酢…大さじ1、オイスターソース…大さじ½、しょうゆ…大さじ½、砂糖…小さじ½、塩…小さじ¼

［作り方］
1 ズッキーニは縦半分に切り、1㎝程度の厚さに切る。合わせ調味料を作っておく。
2 豚肉は食べやすい大きさにして、塩少々、酒、片栗粉をもみ込んで下味をつける。
3 フライパンにサラダ油（分量外）を熱し、ズッキーニを焼く。焼き色が付いてきたら裏返し、フライパンの半分のスペースに寄せ、空いた部分で豚肉を炒める。量が多いときにはズッキーニを両面焼いて一度取り出し、豚肉を炒める。
4 合わせ調味料を加え、絡めながら炒める。

ズッキーニとミントのスープ

[材料]（4人分）
○ズッキーニ…1本
○玉ねぎ…1個
○枝豆…塩ゆでしたもの30粒くらい
○ミント…ひとつかみ
○コンソメスープの素…½個
○牛乳…½〜1カップ
○オリーブオイル
○塩

[作り方]
1 玉ねぎはみじん切りに、ズッキーニは薄切りにしておく。
2 鍋にオリーブオイル少々を敷き、玉ねぎとズッキーニを炒める。
3 水2カップを加え、沸騰したらコンソメスープの素を加え、蓋をして10分程度煮込む。
4 火を止めて、枝豆とミントを加え、ミキサーにかける。
5 牛乳を加え、塩少々で味を調える。冷蔵庫で冷やしていただく。

ズッキーニのフリット

[材料]（4人分）
○ズッキーニ…1本
○小麦粉（あれば強力粉）…大さじ1〜2
○卵…1個
○塩
○オリーブオイル

[作り方]
1　小麦粉をボウルに入れ、塩ふたつまみを加える。
2　4〜5㎝の長さに輪切りにしてから、縦に4〜6等分に切ったズッキーニを**1**のボウルに入れ、粉をまぶす。卵を別のボウルに割りほぐす。
3　フライパンに1㎝深さ程度のオリーブオイルを温める。
4　オリーブオイルが温まったら、**2**のズッキーニに卵をからめ、フライパンに入れる。
5　両面をこんがりと揚げ焼きにする。
6　テーブルに塩を用意し、好みでかけていただく。

さくらんぼのジャム

【材料】（作りやすい量）
○さくらんぼ…1パック
○グラニュー糖…適量
○レモン汁…大さじ½

【作り方】

1　さくらんぼは洗って軸を取り、種を取り出す。種取りの道具がなければ、縦半分に包丁で切り込みを入れ、二つに割って中の種を取り出す。

2　さくらんぼの重さを量る。さくらんぼの重さ×0・3がグラニュー糖の量。グラニュー糖を計量する。

3　鍋に水½カップとグラニュー糖を入れ、火にかける。グラニュー糖が溶けたらさくらんぼを入れ、沸騰してきたら丁寧にあくをすくう。

4　あくが減ってきたらレモン汁を加え、ひと煮立ちさせる。味を見てレモン汁の量を調整する。

5　好みの濃度まで煮詰めて火を止める。最後に残っているあくをすくう。

梅のソーダ

［材料］（作りやすい量）
○黄梅…500g
○グラニュー糖…500g
○炭酸水…1カップ前後

［作り方］
1 梅の実は洗って竹串でへたを取る。
2 鍋にたっぷり水を入れ、梅を入れて火にかける。底に梅の実がなるべくあたらないように、手のひらで鍋の底からゆっくりと混ぜながら弱めの火で加熱する。手が入らない熱さになったら火を止めてざるにあける。
3 新しい水にして火にかける。沸騰したら梅の実をときどき触って十分にやわらかくなった梅からざるにあける。
4 **3**の梅が冷めたら手で種と実を分ける。実と水250ccを鍋に入れハンドブレンダーでなめらかにする。ミキサー等でもよい。
5 **4**の鍋にグラニュー糖を加え火にかける。しっかりと沸騰させてあくをすくう。つやが出てきたら火を止める。炭酸水で4～5倍で割る。

小暑 shousho 温風至る

葉しょうがの肉巻き

【材料】（2人分）
○葉しょうが…4〜5本
○豚薄切り肉（肩ロースなど）…200g
○しょうゆ…大さじ2
○みりん…大さじ2
○サラダ油…小さじ2

【作り方】

1 葉しょうがを洗い、1本に豚肉2枚を巻きつける。

2 フライパンにサラダ油を入れて熱し、**1**を入れ焼く。このとき巻き終わりを下にして焼き始めると崩れにくい。

3 フライパンに蓋をして中弱火で焼く。時々蓋を開け裏返す。

4 豚肉に火が通ったらしょうゆ、みりんを加え蓋を外してたれを絡めるように焼く。

新しょうがとみょうがの甘酢漬け

【材料】（作りやすい量）
○新しょうが、みょうが、れんこん…合計３００〜４００gくらい
○合わせ酢の材料＝酢…１カップ、きび砂糖など好みの甘み…１００g、塩…小さじ１

【作り方】
1 新しょうがは洗って薄切りにする。みょうがは縦に8〜10等分する。れんこんは薄切りにする。
2 合わせ酢を作る。酢、砂糖、塩を合わせて混ぜる。砂糖が溶けなければ火にかけて溶かす。
3 鍋に湯を沸かし、新しょうがを入れたざるを鍋に重ねて30秒ゆでて引き上げる。同じ湯でれんこんをさっとゆでる。新しょうが、みょうが、れんこんを混ぜて容器に詰める。**2**の合わせ酢を入れ、冷蔵庫で保存する。

新しょうがとレモンのジンジャーエール

【材料】（作りやすい量）
○新しょうが…200〜300g前後
○グラニュー糖…300〜400g
○レモン汁…レモン2個分くらい（70〜80cc）
○炭酸水

【作り方】
1　新しょうがは、皮の汚れた部分をタワシでこするか、スプーンなどでこそげる。皮を包丁でむくと風味が落ちます。ミキサーにかけられる程度にざく切りにする。
2　しょうがと水1カップをミキサーにかける。もしくはしょうがをすりおろして、水1カップとあわせる。
3　**2**と砂糖を鍋に入れ、中火にかける。あくを丁寧にすくい、弱火にして蓋をして30分煮込む。レモン汁を加え、1分煮立たせる。
4　**3**をざるでこす。残ったしょうがをさらしやガーゼ、ふきんなどで搾る。
5　シロップを4倍程度の炭酸水で割る。
◎しょうがを搾った残りは、冷蔵庫で保存し、豚のしょうが焼きや鶏のから揚げの味付けに使うとよいでしょう。

ドライカレー

［材料］（2人分）
○合びき肉…150〜200g
○玉ねぎ…½個
○ピーマン…1個
○しめじ…50g
○しょうが…1片
○カレー粉…大さじ1
○ケチャップ…大さじ1
○ウスターソース…小さじ1
○塩、こしょう

［作り方］

1 玉ねぎ、ピーマン、しめじ、しょうがをみじん切りにする。

2 フライパンにサラダ油少々（分量外）としょうがを入れ、火にかける。しょうががらよい香りがしたら、ひき肉、玉ねぎ、ピーマン、しめじを入れ炒める。

3 カレー粉、ケチャップ、ウスターソースを加え、味を見て塩少々、こしょう少々を振る。ごはん、またはターメリックライスと一緒にいただく。

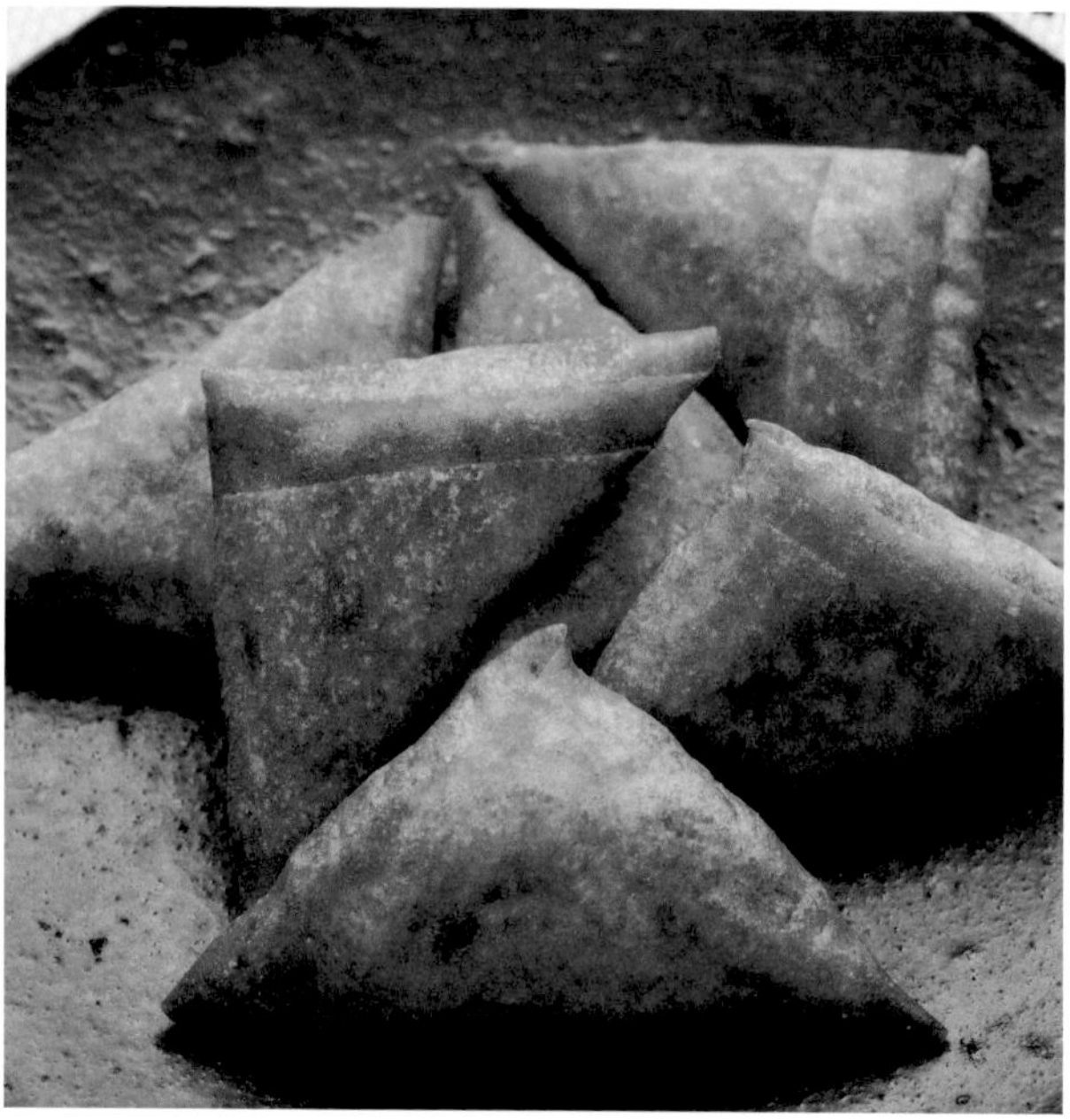

ひよこ豆のサモサ

［材料］（3〜4人分）
○ひよこ豆（ガルバンゾー）水煮缶…1缶
○セロリ…10㎝分（みじん切り）
○しょうが…½片（みじん切り）
○クミン…小さじ1
○カレー粉…小さじ2
○塩…小さじ½
○サラダ油
○春巻きの皮…5枚（餃子の皮でもよい）

［作り方］

1　ひよこ豆をざるにあけ、汁と豆に分ける。豆をボウルに入れ約半量をフォークでつぶす。

2　フライパンにサラダ油を入れ、しょうが、セロリを炒める。クミン、カレー粉、塩を入れる。

3　豆を入れ、よく混ぜて味を馴染ませる。パサパサしていたら、豆の汁を入れて固さを調節する。味を見て塩を加減する。

4　春巻きの皮を縦3等分に切る。

5　**3**を**4**に詰める。春巻きの皮を三角形にして、**3**のペーストを入れ畳む。最後は水溶きの小麦粉（分量外）で貼り付ける。170℃の油で皮がパリパリになるまで揚げる。

冷たい豆乳麺

【材料】（4人分）

○冷や麦、そうめん、半田麺などの麺…4人分
○だし（かつおだし、鶏がらスープなど）…3カップ
○無調整豆乳…3カップ
○塩
○薄口しょうゆ…小さじ2
○ねぎ、みょうが、大葉等、薬味野菜を刻んだもの…大さじ3くらい
○味付けザーサイ…大さじ3くらい粗みじん切りにする
○ごま油
○しょうゆ、黒酢、ラー油等…好みで

【作り方】

1 だしに塩少々としょうゆを入れ味を調える。味は薄めに。豆乳を加える。常温でよい。
2 薬味野菜とザーサイをごま油であえる。
3 麺をゆで、ざるにあけて冷水にさらし手で軽く絞って水気を切る。麺を器に盛る。
4 **1**のスープを**3**にかけ、**2**の薬味をのせる。
5 各自しょうゆ、黒酢、ラー油をかけ好みの味に仕上げる。

大暑 taisho　桐始めて花を結ぶ

フレッシュトマトのサルサソース

【材料】（3〜4人分）
○トマト…2個（みじん切り）
○玉ねぎ…1/4個（みじん切り）
○ピーマン…1個（みじん切り）
○レモン汁…1/2個分
○にんにく…1片（包丁の腹でたたいてつぶしておく）
○塩、こしょう

【作り方】
1　玉ねぎは塩でもんでから水で洗い、水気を切っておく。
2　ボウルに全ての材料と塩少々、こしょう少々を入れてよくあえる。しばらく置いたほうが味が馴染むので、作って冷蔵庫に入れておく。

タコス

［材料］（3～4人分）
○牛ひき肉または合いびき肉…200g
○玉ねぎ…½個（みじん切り）
○にんにく…½片（みじん切り）
○トマト水煮缶…½缶（生トマト1個でもよい）
○クミンシード…少々
○オリーブオイル…大さじ1
○チリパウダー、オレガノ（あれば）…各少々
○ケチャップ…（好みで大さじ1程度）
○塩

［作り方］

1　フライパンにオリーブオイルとにんにく、クミンシードを入れ火にかける。オイルが温まったらひき肉、玉ねぎを入れ炒める。

2　**1**にトマト水煮を加え煮詰める。

3　塩少々で味を加減し、足りなければケチャップを加える。オレガノとチリパウダーで香りを付ける。

4　レタス等の野菜、サルサソース（76頁）、チーズ等と一緒にトルティーヤ（78頁）で巻いていただく。

トルティーヤ

［材料］（4人分）
○強力粉…160g
○コーンミール…40g（なければ強力粉を200g）
○塩…小さじ½
○オリーブオイル…大さじ2

［作り方］
1　ボウルに強力粉とコーンミールと塩を入れる。オリーブオイルを回し入れ、指先でぐるぐる混ぜる。
2　水½カップを加えてこねる。5分くらいこねて生地の表面がなめらかになるまで。ラップをして30分以上休ませる。
3　生地を10〜12等分する。1個ずつ丸めてから、両面に打ち粉を付け、麺棒で薄く伸ばす。
4　伸ばしたらすぐにフライパンで両面を焼く。焼けたら布巾で包んで蒸気で蒸すようにしておく。

桃のコンポート

【材料】（作りやすい量）

○桃…大きめのもの2個（小さめのものなら3個）
○グラニュー糖…桃の重さの25％
○白ワイン…180〜200cc
○レモン汁…小さじ1〜2
○スパイス（好みで）＝シナモンスティック…1本、バニラビーンズ…⅓本（切り込みを入れて、さやごと使う）、八角…½個、クローブ…2個

【作り方】

1　桃は湯むきする。鍋に湯をわかし、沸騰直前で桃を入れる。30秒数えたら冷水に入れる。簡単に手で皮をむくことができます。

2　桃がぎりぎり入る大きさの鍋に、桃の皮、水½〜1カップ、白ワイン、砂糖、スパイスと桃を入れ、火にかける。

3　沸騰したら弱火にし、落とし蓋をして30分煮込む。レモン汁を加え、火を止める。

4　そのまま煮汁が冷めるまでおく。

枝豆とパクチーの白あえ

[材料]（2人分）

○枝豆…塩ゆでしたものをさやから出して⅔カップ程度
○豆腐…⅓丁
○しょうが…1片
○しょうゆ…少々
○ごま油
○ラー油
○パクチー…⅓束

[作り方]

1　豆腐は水切りしておく。しょうがは千切りにする。

2　豆腐はすり鉢でするか、またはゴムベラでよく混ぜ、なめらかにする。しょうゆ、ごま油少々で味を調える。

3　枝豆、しょうがを**2**に加えあわせる。

4　**3**を器に盛り、3㎝程度に刻んだパクチーをのせる。上からラー油適量をかける。

きゅうりのライタ

【材料】（2〜3人分）
○きゅうり…1本
○トマト…1個
○オリーブオイル…大さじ1
○レモン汁…小さじ1
○塩、こしょう
○水切りしたヨーグルト…大さじ2〜3
○クミンパウダー…少々

【作り方】
1 きゅうりとトマトは1・5㎝角程度に刻んでおく。
2 ドレッシングを作る。器にオリーブオイルとレモン汁、塩少々、こしょう少々を入れ乳化するまでよく混ぜる。ヨーグルトを加え、よく混ぜる。
3 **1**と**2**をよく混ぜる。クミンパウダーを加える。

秋

冷たい夜風がふいたら
蒸籠、土鍋、オーブン、ストーブ
湯気がご馳走の頃
長い夜、豆を炊くたのしみ

立秋 risshuu　涼風至る

クミン枝豆

【材料】（2〜3人分）
○枝豆…200g前後
○赤唐辛子…1本（種を取り除く）
○にんにく…1片（包丁の腹でたたいておく）
○クミンシード…小さじ½
○塩
○オリーブオイル

【作り方】
1　枝豆は塩ゆでしておく。
2　フライパンにオリーブオイル適量、クミンシード、にんにく、赤唐辛子と枝豆を入れ中弱火にかける。
3　じっくりと火を通す。枝豆の口が開き、中の豆が見えるようになるまで。
4　塩適量を振る。

きゅうりと牛肉の黒酢炒め

［材料］（2人分）
○きゅうり…2本
○牛薄切り肉…150g
○にんにく、しょうが…各少々
○牛肉の下味調味料＝片栗粉、酒、しょうゆ、きび砂糖…各小さじ2
○黒酢…小さじ2
○オイスターソース…小さじ1
○黒七味（好みで）…適量
○塩

［作り方］

1　きゅうりは縦半分に切り、斜めに薄切りに、にんにくとしょうがはみじん切りにする。

2　きゅうりは塩少々を振り、5〜10分置いたらサラシで絞り水気を切る。牛肉は片栗粉、酒、しょうゆ、きび砂糖をもみ込み、下味を付けておく。

3　フライパンにサラダ油少々とにんにく、しょうがを入れ火にかける。牛肉を入れ、色が変わればきゅうりを加える。黒酢、オイスターソースを加える。

4　器に盛り、好みで黒七味を振る。

冬瓜のソムタム

【材料】（2人分）
○冬瓜…200g
○セロリ…½本
○干しエビ…小さじ2
○ピーナッツ…大さじ1
○合わせ酢の材料＝きび砂糖…大さじ1、ナンプラー…小さじ2、レモンまたはライム、すだちなどの果汁…大さじ1と⅓、赤唐辛子…輪切り少々、にんにく（好みで）…みじん切り少々

【作り方】
1 冬瓜はなるべく薄く皮をむき、2～3㎝幅の薄切りにする。セロリは斜め薄切りにする。葉も刻む。ピーナッツは三～四つに刻む。
2 冬瓜に塩を振り5～10分置く。サラシで絞り、水気を切る。
3 合わせ酢の材料をよく混ぜておく。
4 冬瓜、セロリ、干しエビ、ピーナッツを**3**であえる。

冬瓜の実山椒炒め

【材料】（2人分）
○冬瓜…300g
○豚ひき肉…50g
○しょうゆ…小さじ2
○酒…小さじ2
○実山椒（みざんしょう）の水煮等…小さじ2
○しょうが…1片（千切り）
○片栗粉…小さじ1（水小さじ2で溶いておく）

【作り方】
1 冬瓜は皮をむき2cm角に切る。
2 フライパンにサラダ油少々としょうがを入れ火にかける。ひき肉を加え色が変わったら冬瓜を加えてさっと炒め、水300ccを加えて蓋をして冬瓜に火が通るまで蒸し煮にする。
3 酒、しょうゆを加える。水分が減っていれば水を加える。実山椒を加え、水溶き片栗粉でとじる。

ゴーヤーとトマトのスパイス炒め

【材料】（3〜4人分）
○ゴーヤー…1本（縦半分に切り、種を取り出して5㎜厚さの輪切りに）
○トマト…小1個（2㎝角程度のざく切り）
○ひき肉…200g（豚、合いびき、鶏）
○にんにく…1片（みじん切り）
○しょうが…1片（みじん切り）
○カレー粉…大さじ1
○ナンプラー…大さじ1
○酒…大さじ2

【作り方】
1　フライパンにサラダ油（分量外）、にんにく、しょうがを入れ火にかける。ひき肉を炒める。
2　**1**にカレー粉、ナンプラー、酒を入れ炒める。
3　**2**のひき肉にしっかりと味が入ったらゴーヤー、トマトの順に加え炒め合わせる。

枝豆のアイスクリーム

［材料］（5～6人分）
○枝豆…200g
○甘酒…（米麹の甘酒、薄めて飲むタイプのもの）250g
○牛乳または豆乳…½カップ
○メープルシロップ…大さじ1～2

［作り方］
1　枝豆は塩ゆでする。さやから取り出し、豆の薄皮を外す。
2　枝豆をすり鉢またはフードプロセッサーに入れすりつぶす。
3　容器に**2**、甘酒、牛乳を入れ好みの甘さになるまでメープルシロップを入れる。凍ると甘さが弱く感じるので、少し甘めに。冷凍庫に入れる。
4　1～2時間凍らせたら全体をかき混ぜ、再び凍らせる。

処暑 shosho　綿柎開く

甘長唐辛子と豚のおろしあえ

【材料】（2人分）
○甘長唐辛子…7〜8本
○豚薄切り肉…70g
○大根…5㎝くらい
○しょうゆ…少々
○七味（好みで）

【作り方】
1　甘長唐辛子は半分の長さに切る。フライパンに多めにサラダ油（分量外）を入れ火にかける。甘長唐辛子と豚肉を焼く。弱めの火でじっくりと。唐辛子はくったりと、豚肉は脂身がきつね色になるまで。
2　大根をおろしておく。
3　器に甘長唐辛子、豚肉、大根おろしを盛り、しょうゆをかけて各自で混ぜていただく。
◎好みで七味などを振ってもよいでしょう。

甘長唐辛子のオイル煮

［材料］（2〜3人分）
○甘長唐辛子…10本程度
○玉ねぎ…½個分（薄切りに）
○トマト…2個（2㎝角程度に切っておく）
○オリーブオイル、塩
○バジル…少々

［作り方］
1　唐辛子は、洗ったら水気をよくふき取る。破裂しないように切り込みを入れる。
2　フライパンにオリーブオイルを熱する（フライパンの底を覆うくらい）。唐辛子を重ならないように並べ、火を弱くして蓋をして蒸し焼きにする。途中で一度ひっくり返す。
3　唐辛子に火が通ったら器に盛り塩を振る。
4　唐辛子を焼いたフライパンを再び温め、玉ねぎを入れ塩を振る。蓋をして蒸すように火を通し、とろっとしたらトマトを加える。
5　トマトを入れたら蓋を外す。トマトの形がなくなるまで火を通す。
6　塩で味を調え、バジルを入れ、**3**の上にかける。

よだれ鶏だれ

［材料］（作りやすい量）
○にんにく…1片
○しょうが…1片
○しょうゆ…大さじ5
○黒酢…大さじ3
○きび砂糖…大さじ4
○ラー油…大さじ1
○ごま油…大さじ1
○粉花椒（ホワジャオ）…少々

［作り方］
1　にんにくとしょうがをみじん切りにし、全ての材料と水大さじ1をよく混ぜ合わせる。

ゆで鶏の冷やし中華

【材料】（2人分）
○鶏ささみ肉…2枚
○酒…大さじ1
○トマト、きゅうり等好みの野菜…適量
○よだれ鶏だれ…適量 ↓92頁
○中華麺…2玉

【作り方】
1 ささみはすじを取る。小鍋に湯を沸かし、酒を加える。ささみを入れ弱火で2分ゆでる。そのままゆで汁の中で20分ほどおき、冷めたら手でほぐす。
2 中華麺を指定時間通りにゆで、冷水にさらし水気を切る。器に盛る。
3 麺の上に**1**、好みの野菜をのせ、よだれ鶏だれをかける。よくあえていただく。

いちじくと根菜のサラダ

【材料】（2〜3人分）
○ベビーリーフやレタス、水菜等、葉野菜…2つかみ程度
○いちじく…2個
○かぼちゃ、れんこん、ごぼう等根菜…100g
○クルミ、アーモンドなどのナッツ類…30g
○ドレッシングの材料＝酢…大さじ1、砂糖…小さじ2、しょうゆ…大さじ1、菜種油（サラダ油）…大さじ2、すりごま…大さじ2、マヨネーズ…大さじ1、塩…少々

【作り方】
1　葉野菜は食べやすい大きさに切り、水にさらしてからざるにあげ、水気をしっかりと切る。サラダスピナーで水気を切ったり、布巾に包んでおいたりするとよい。
2　根菜類は薄切りにする。フライパンにオリーブオイル少々（分量外）を温め両面を焼き、冷ましておく。
3　ドレッシングの材料を混ぜ合わせておく。
4　器に葉野菜、根菜を盛る。いちじくはざっくりと手で割って盛り付ける。上からドレッシングをかけ、ナッツを散らす。

なしとすだちのジャム

[材料]（作りやすい量）
○なし…1個
○グラニュー糖…適量
○すだち…1個

[作り方]

1 なしは皮をむき食べやすい大きさに切る。すだちは皮をおろし金でおろす。果汁を搾り、種を除いておく。

2 なしの重さを量り、なしの重さ×0・3のグラニュー糖を計量する。

3 鍋になしとグラニュー糖を入れよく混ぜ、火にかける。沸騰したらしばらくあくをすくいながら煮詰め、好みの濃度になったらすだちの果汁と皮を入れる。

白露 hakuro　草露白し

栗とマッシュルームのスープ

［材料］（2人分）
○栗（くり）…10粒前後
○マッシュルーム…2～3個
○玉ねぎ…1/4個
○豆乳または牛乳…150cc
○バター…10g
○塩

［作り方］
1　栗は皮ごと1時間ほどゆで、割ってスプーンで実をかきだす。マッシュルームと玉ねぎは薄切りにする。
2　鍋を火にかけバターを溶かして玉ねぎ、マッシュルームを炒める。水150ccと栗を加え10分ほど蓋をして炊く。ブレンダーで攪拌（かくはん）してなめらかにする。豆乳を加え塩適量で味を調える。

なすの揚げ浸し

[材料]（2〜4人分）
○なす…2本
○調味料＝ナンプラー…大さじ1、レモン汁…大さじ1、砂糖…小さじ1と½、にんにく…小さじ½（みじん切り）、赤唐辛子…½本（種を取り除いておく）
○みょうが…2個

[作り方]
1　調味料と水大さじ1を小さな鍋に入れ、火にかける。砂糖が溶けたら火を止める。
2　なすは、長さを2等分にし、縦に4〜6等分に切り、素揚げする。
3　揚げたなすを**1**に浸ける。味が染み込んだほうがおいしいので、そのまましばらくおく。
4　器になすを盛り、小口切りにしたみょうがをのせる。

なすのアンチョビーネギソース

［材料］（2～4人分）
○なす…2本
○オリーブオイル…大さじ3
○にんにく…1片（みじん切り）
○アンチョビー…2～3本
○九条ねぎ…小口切りにしたものを1カップ分くらい
○塩、黒こしょう

［作り方］
1　なすはへたを落とし、食べやすい大きさに切る。
2　フライパンにサラダ油少々（分量外）を敷き、なすを焼く。火が通ったら器に盛る。
3　空になった**2**のフライパンにオリーブオイルとにんにくを入れ、再び火にかける。よい香りがしてきたらアンチョビーを加える。アンチョビーを崩すようによく混ぜる。
4　アンチョビーが溶けたら九条ねぎを加える。塩少々で味を調え、最後に黒こしょう少々を振る。
5　**4**のオイルが熱いうちに**2**にかける。

セミドライトマトとなすのバルサミコマリネ

［材料］（3〜4人分）
○プチトマト…7〜8個
○なす…2〜3本
○調味料＝バルサミコ酢…大さじ3、しょうゆ…大さじ1、オリーブオイル…大さじ1、蜂蜜…小さじ½、塩、こしょう

［作り方］
1　セミドライトマトを作る。プチトマトを半分に切り、切り口を上にしてクッキングシートを敷いた天板に並べて塩少々を振る。120℃のオーブンで水分が抜けて縮んでくるまで約1時間焼く。
2　なすは1〜2㎝厚さの輪切りにする。オリーブオイル少々（分量外）で両面をこんがりと焼く。
3　調味料を合わせ、器に盛りつけたなすとトマトにかける。
セミドライトマトは冷凍保存できます。

豆乳茶わん蒸し

［材料］（4人分）
○卵…2個
○だし…1カップ
○豆乳…1カップ（無調整のもの）
○塩…小さじ½
○薄口しょうゆ…小さじ½
○梅干し…適量（種を取り出したたいておく）

［作り方］
1 大きめのボウルに卵を割り、ホイッパーでよくほぐす。泡立てないように。
2 だし、豆乳、塩、薄口しょうゆを入れて混ぜ、ざるでこす。
3 器に盛り、蒸気の上がった蒸し器に入れる。中火で2分、その後弱火で10分。少し器を揺らしてふるふると表面が揺れたら火を止める。表面が固まっていなかったら時間を延ばす。そのまま蒸し器の蓋をしておき、予熱で火を通す。梅干しをのせる。

いなりずし

［材料］（4人分）
○油揚げ（すし揚げ）…10枚
○だし…2カップ
○しょうゆ…大さじ4
○砂糖…大さじ3
○みりん…大さじ3と大さじ1
○すし飯の材料＝米…2合、酢…50cc、砂糖…大さじ1〜2、塩…小さじ½〜1

［作り方］
1　油揚げは半分に切り、袋状に開き、湯通しする。冷めたら水分を絞る。
2　鍋にだし、しょうゆ、砂糖、みりん大さじ3を入れ煮立て、**1**の油揚げを入れる。落とし蓋をして弱火で10分煮含める。
3　汁気がわずかになったところでみりん大さじ1を回しかける。
4　すし飯を中に詰める。

秋分 shuubun　雷声を収む

粒あん

【材料】（作りやすい量）
○小豆…２００g
○砂糖…１６０g（小豆の80％～同量くらい）

【作り方】

1　小豆はざっと洗い、鍋に入れて3～4倍の水を注ぎ、中火にかける。沸騰したら、差し水を2回行う。

2　沸騰したら火を弱火にして、ゆで汁が濃い小豆色になるまでゆでる。

3　鍋を流しの蛇口の下におき、鍋の端から水を注ぐ。鍋の中の水がすっかり入れ替わり透明になるまで静かに注ぐ。

4　鍋を再び火にかけ、沸騰させながら弱火でやわらかくなるまでゆでる。

5　十分にやわらかくなったら、ゆで汁を少し捨てる。ひたひたになるくらい。

6　砂糖を加え、かるく混ぜる。好みの固さに煮詰める。

あんみつ

[材料]（3～4人分）
○棒寒天…½本
○黒蜜…適量
○粒あん…適量　↓102頁

[作り方]
1　寒天を作る。寒天はたっぷりの水に浸けて20分から一晩おく。
2　**1**の寒天をぎゅっと握って水を絞り、鍋に入れ、新しい水500ccを加える。
3　よく混ぜながら加熱し、しっかりと沸騰させて寒天を溶かす。
4　バットなど平らな容器に入れ、冷やす。包丁で角切りにして器に盛る。
5　粒あんをのせ、黒蜜をかける。

塩麹のバジルソース

［材料］（作りやすい量）
○バジル…1パック
○塩麹…大さじ1
○オリーブオイル…大さじ3

［作り方］
1 フードプロセッサーにバジルの葉、塩麹、オリーブオイルを入れ、攪拌（かくはん）する。
2 味を見て塩気が足りない場合は塩麹を、とろっとしたソース状にうまく混ざらない場合にはオリーブオイルを加え再び混ぜる。（いずれも分量外）

根菜のミネストローネ

[材料]（4人分）

○A＝大根…5㎝（角切り）、にんじん…½本（角切り）、ごぼう…1本（ささがき）、しいたけ…3個（4等分）、しめじ…½パック（2㎝）、ベーコン…50g（角切り）
○玉ねぎ…1個（みじん切り）
○にんにく…1片（みじん切り）
○さつまいも…小さめを1本（角切り）
○白いんげん豆（ゆでたもの）…1カップ弱
○ショートパスタ…½カップ
○ローリエ…1枚
○酒…大さじ1
○オリーブオイル、塩麹、こしょう
○バジルソース…適量 →104頁

[作り方]

1 鍋にオリーブオイル適量を熱し、にんにくと玉ねぎを炒める。Aを加えさらに炒める。
2 水4カップと酒大さじ1、ローリエを加える。沸騰したら弱火にして、蓋をして煮込む。
3 野菜に火が通ったらさつまいも、豆、パスタを入れ10分程度煮る。塩麹適量で味を付け、こしょう適量をひいて火を止める。好みでバジルソースをかける。

ミートソース

[材料]（5〜6人分）

○合いびき肉…400g
○玉ねぎ…1個（みじん切り）
○セロリ…1本（みじん切り）
○にんじん…1個（みじん切り）
○にんにく…1片（みじん切り）
○赤ワインまたは水…2カップ
○ローリエ…1枚
○ホールトマト…1缶（400g）
○塩、オリーブオイル

[作り方]

1 鍋に多めのオリーブオイル適量を熱し、にんにくを入れよい香りがしてきたら玉ねぎ、セロリ、にんじんを加え、じっくりと半分以下の量になるまで炒める。

2 ひき肉を加え、さらに炒める。肉の色が変わったら赤ワインまたは水、ローリエを入れ、沸騰したらホールトマトを加えて煮込む。

3 できれば2時間程煮込むとよいが、30分程でもよい。途中様子を見て、汁気が足りなければワインまたは水を足す。好みの濃度になるまで煮詰め、塩適量で味を調える。

ぶどうのフラン

[材料]（直径18㎝のグラタン皿）
○ぶどう（大粒のもの）…10粒程度
○白ワイン…大さじ2
○卵…2個
○きび砂糖…大さじ3
○生クリーム…½カップ
○薄力粉…大さじ1
○バター…少々

[作り方]
1　ぶどうは皮ごと半分に切り、種があれば取り除く。白ワインに浸けておく。
2　グラタン皿にバターを塗る。オーブンを170℃に予熱する。
3　ボウルに卵を割り、ホイッパーでほぐす。砂糖を加え混ぜる。生クリームを加えて混ぜる。
4　**3**に薄力粉をふるいながら入れ混ぜる。**1**で浸けておいた白ワインの汁を加えて混ぜる。
5　**2**の型に半量の生地を流し、ぶどうを並べる。残りの生地を入れる。
6　予熱したオーブンに入れ、30〜35分焼く。

寒露 kanro　雁来る

卵の生パスタ

【材料】（3〜4人分）
○強力粉…180g
○卵…2個

【作り方】
1　ボウルに粉を入れ、真ん中をくぼませて卵を割り入れる。菜箸で混ぜながら粉全体に卵を行き渡らせる。手で一つにまとめ、台に出してこねる。必要に応じて水を少々入れる。
2　生地をひとまとめにしてボウルをかぶせ30分休ませる。
3　生地を4等分して向こう側が透けるくらいまで薄く伸ばす。好みの大きさにカットする。
4　バットに打ち粉をして置いておく。

ラザニア

［材料］（2～4人分）
○卵の生パスタ…全量　↓108頁
○ミートソース…400～500cc
　↓106頁
○ベシャメルソース＝小麦粉…10g、バター…10g、牛乳…250cc、塩…少々
○パルミジャーノ・レッジャーノ…適量

［作り方］
1　ベシャメルソースを作る。鍋にバターを入れ火にかける。溶けたら小麦粉を加え、混ぜる。牛乳を入れホイッパー等でよく混ぜる。沸騰してとろみがついたら塩を加える。
2　グラタン用の器にオリーブオイル少々（分量外）を手で塗る。ミートソース少々を底に敷く。
3　パスタ、ミートソース、ベシャメルソース、すりおろしたチーズの順に繰り返し層を作るように重ねていく。できれば30分ほど休ませる。
4　170℃に予熱したオーブンで25分、200℃に温度を上げて5分焼く。

さつまいもの梅きんぴら

［材料］（2～4人分）
○さつまいも…1本
○酒…大さじ1
○みりん…大さじ1
○梅干し…1個（包丁でたたいておく）
○サラダ油
○ごま油

［作り方］
1　さつまいもは千切りにして水にさらし、ざるにあけておく。
2　フライパンにサラダ油少々を熱し、さつまいもを炒める。酒を入れて蓋をして、1～2分蒸し焼きにする。
3　蓋を開けてみりん、梅干しを加え、水分がなくなるまで炒める。味を見て塩気が足りなければ塩（分量外）を振る。火を止め、ごま油少々を回しかける。

さつまいもと生ハムの温かいサラダ

［材料］（2〜3人分）
○さつまいも…5㎝分
○生ハム…7〜8枚
○パルミジャーノ・レッジャーノ…適量
○オリーブオイル
○塩

［作り方］
1 さつまいもはできるだけ薄切りにして水にさらす。フライパンにオリーブオイル適量を熱し両面を焼く。火が通ったら塩少々を振り器に盛る。
2 生ハム、チーズをかける。

さんまの土鍋ごはん

［材料］（4人分）
○米…2合
○しょうゆ…小さじ2
○酒…大さじ2
○塩…小さじ1
○油揚げ…½枚（1㎝角に切る）
○エリンギ…1パック（短冊に切る）
○昆布…1枚（長さ7～8㎝ぐらい）
○さんま…2匹程度
○しょうが…1片（千切り）
○ねぎまたはわけぎ…適量（小口切り）

［作り方］
1　鍋に研いだ米、水2カップを入れ30分浸水させ、しょうゆ、酒、塩を入れ全体を混ぜる。油揚げ、エリンギ、昆布をのせて炊く。
2　さんまは塩（分量外）を振り、10分程置いて表面の水分をキッチンペーパーで押さえ、魚焼きグリル等で焼く。
3　**1**のごはんが炊き上がったら昆布を外し、さんま、しょうが、ねぎをのせる。
4　食べる時にさんまの身をほぐして全体を混ぜ合わせる。

りんごとさつまいものお汁粉

［材料］（3～4人分）
○さつまいも…小さめ1本
○りんご…1個
○きび砂糖…大さじ3～
○白玉粉…1人分30g程度
○シナモン…好みで

［作り方］

1 さつまいもは皮をむき、水にさらしておく。りんごはくし形に切る。

2 せいろにさつまいもとりんごを並べた皿を入れ、15分程蒸してやわらかくする。

3 白玉粉に同量程度の水を加え手でこねる。2～3㎝の丸型に丸め、真ん中をくぼませる。沸騰した湯で浮いてくるまでゆでる。

4 さつまいもとりんごを鍋に入れる。このとき蒸して出てきたりんごの果汁も一緒に入れる。水½カップを加えブレンダーでなめらかにする。きび砂糖を加えて好みの甘さにする。水の量で濃度を調節する。

5 白玉団子と一緒に器に盛り付け好みでシナモンを振る。

霜降 soukou　霜始めて降る

さといものポタージュ

［材料］（2～3人分）
○さといも…4～5個（2～3等分に切る）
○玉ねぎ…½個（薄切り）
○バター…15g
○昆布だし…300cc
○牛乳または豆乳…200cc
○塩、黒こしょう

［作り方］
1　鍋にバターを入れて火にかけ、さといもと玉ねぎを炒める。だしを加えて15分程度煮込み、ミキサーで攪拌(かくはん)する。
2　牛乳または豆乳を加えて温め、塩少々で味を調え、こしょう少々を振る。

さといもとオリーブのサラダ

【材料】（2～3人分）
○さといも…5～6個
○オリーブ（黒）…6～7個
○粒マスタード…小さじ1
○白ワインビネガー…小さじ1
○オリーブオイル…小さじ2
○塩、こしょう
○ディル…適量（手でちぎっておく）
○くるみ…5～6個

【作り方】
1　さといもはゆでてマッシャーでつぶしておく。オリーブは輪切りにする。
2　ボウルに粒マスタード、ビネガー、オリーブオイル、塩少々、こしょう少々を合わせ、さといもとオリーブを混ぜる。
3　ディルとくるみを加え、ざっとあえる。

焼きさといもの炊き込みごはん

［材料］（4人分）
○さといも…5～6個
○エリンギ…50g
○油揚げ…⅓枚（油抜きする）
○米…2合
○酒…大さじ2
○塩…小さじ1
○薄口しょうゆ…小さじ2
○昆布…5㎝くらい

［作り方］
1　米は研いで水360㏄に浸けておく。
2　さといもは皮をむき2㎝厚さの輪切りにする。エリンギは縦に2等分してから手で裂いておく。油揚げは2～3㎝長さの細切りにする。
3　フライパンを熱し、さといもの表面を焼く。別皿に取り出し、同じフライパンでエリンギと油揚げを焼く。
4　**1**に酒、塩、薄口しょうゆを入れてざっと混ぜ、上に昆布、エリンギ、油揚げ、さといもをのせて炊く。

さといものグラタン

［材料］（2〜3人分）

○さといも…4〜5個
○生クリーム…1カップ
○ブルーチーズ…適量

［作り方］

1　さといもは薄切りにしてゆで、グラタン皿に並べる。
2　**1**に生クリームを注ぎ、チーズを散らし、200℃に予熱したオーブンで10分程度、焼き色が付くまで焼く。

栗トースト

［材料］（1人分）
○食パン…1枚
○栗…3〜4粒（1時間程ゆでたもの）
○バター…適量
○ブルーチーズ…適量
○蜂蜜…適量

［作り方］
1　食パンに十字に切り込みを入れバターを塗り、栗の実をスプーンで出して広げ、チーズを散らしてトースターで焼き色が付くまで焼く。
2　蜂蜜をかける。

ぽん酢しょうゆ

[材料]（作りやすい量）
○かぼす、すだち、ゆず、夏みかん等の果汁（搾って計量する）
○しょうゆ…果汁と同量
○みりん…果汁＋しょうゆの量の1割
○かつお節…適量
○昆布…適量

[作り方]
1　ボウルに果汁としょうゆ、みりんを計量して入れる。
2　全体をざっと混ぜ合わせて保存容器に移す。昆布とかつお節を入れ、蓋をして冷蔵庫に丸1日入れる。
3　ざるでこして保存容器に戻し入れる。

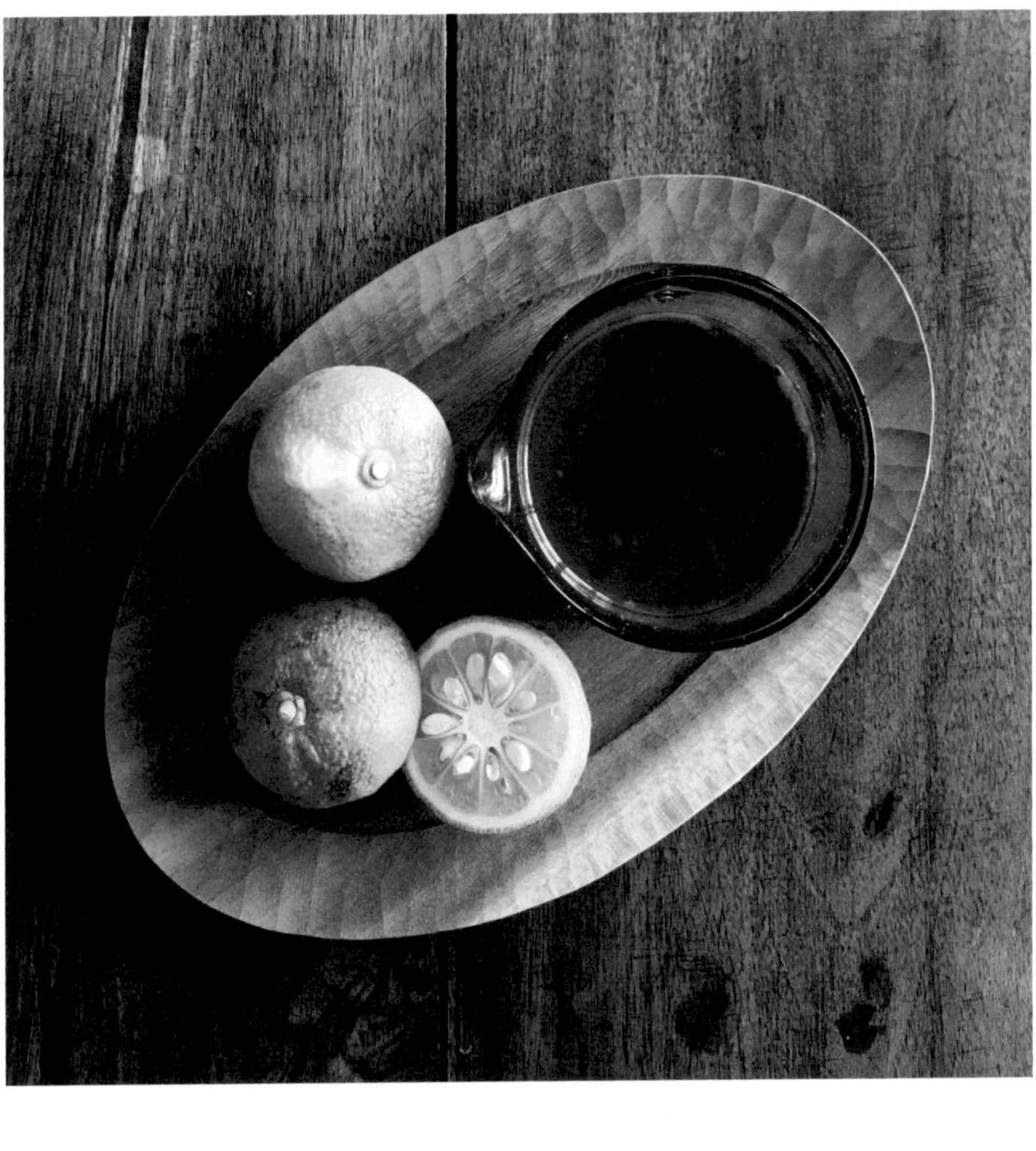

冬

蕪、大根、白菜
白い野菜の美しい頃
じっくりと火をいれ温まる
春を待つひととき

立冬 rittou　山茶始めて開く

小かぶのオリーブオイル焼き

【材料】（2〜3人分）
○小かぶ…1〜2個
○オリーブオイル
○塩

【作り方】
1　小かぶは皮ごと食べやすい大きさに切る。
2　フライパンにオリーブオイル適量をやや多めに熱し、小かぶを両面じっくりと焼く。
3　塩少々を振る。
◎小かぶは葉が付いている場合は、一緒に焼いてもおいしいです。

小かぶのスパニッシュオムレツ

[材料]（2人分）
○小かぶ…1個（葉付き）
○ベーコン…30g
○オリーブオイル
○卵…2個
○塩、こしょう

[作り方]
1　かぶは皮ごと1㎝厚さに切る。葉は3㎝長さに切る。ベーコンは2㎝幅に切る。
2　直径15㎝のフライパンにオリーブオイル適量を多めに熱し、かぶの実の部分から焼く。じっくり中弱火で。途中でかぶの葉、ベーコンを加える。
3　ボウルに卵を割り、塩少々、こしょう少々を加えて溶きほぐしておく。
4　**2**を**3**に入れてさっと混ぜ、すぐにフライパンに戻し入れる。ざっと卵液をかき混ぜる。蓋をして中まで火を通す。
5　底に焼き色が付いたら、蓋または平らなお皿を使ってひっくり返す。

かぶのクラムチャウダー

［材料］（3～4人分）
○あさり…1パック
○酒…50cc
○長ねぎ…½本（小口切り）
○ベーコン…30g（短冊切り）
○じゃがいも…2個（角切り）
○かぶ…1個（実は角切り、葉は3cmに切る）
○オリーブオイル、塩、黒こしょう
○豆乳…1カップ

［作り方］

1　あさりと酒を鍋に入れ、蓋をして火にかける。あさりの殻が開いたら取り出し、冷めたら身を外す。スープは別皿にとっておく。

2　鍋にオリーブオイル適量を熱し、ねぎ、ベーコンを炒める。じゃがいも、かぶの実を加え油が馴染んだら**1**のあさりのスープと水を合わせて500ccにして加え、10～15分煮込む。かぶの葉、あさりを入れる。

3　ボウルにオリーブオイル大さじ1を入れ、豆乳を少しずつ注ぎながら混ぜる。これをスープに加え、沸騰直前で火を止める。適量の塩で味を調える。黒こしょう少々を振る。

小かぶのマーマレードマリネ

［材料］（２人分）
○小かぶ…１個
○調味料＝オリーブオイル…大さじ１と½、酢…大さじ１、マーマレード…大さじ１、塩…適量、こしょう…少々

［作り方］
1　小かぶの葉は３㎝長さに、実は皮ごと食べやすい大きさに切り、塩をまぶして10分置き、絞る。
2　調味料を合わせ、**1**をあえる。

れんこんのクミン焼き

【材料】（3～4人分）
○れんこん…1節
○クミン…小さじ1
○オリーブオイル
○塩

【作り方】
1　れんこんは食べやすい大きさに切り水にさらし、ざるに取っておく。
2　フライパンにオリーブオイル適量とクミンを熱しれんこんを焼く。焼き色が付くようにじっくりと。
3　塩適量を振る。

ほうじ茶のチャイ

［材料］（2人分）
○ほうじ茶…20g
○牛乳または豆乳…300cc
○しょうが…薄切り4〜5枚
○カルダモン…1個
○シナモンスティック…1本（半分に割る）
○クローブ…3個
○蜂蜜（または、きび砂糖）…大さじ½

［作り方］
1 鍋に水200ccを沸かし、沸騰したら、ほうじ茶を入れ蓋をして2分煮出す。
2 牛乳を加え、しょうが、カルダモン、シナモン、クローブ、蜂蜜を入れ、沸騰直前に火を止める。茶こしを使って注ぐ。

小雪 shousetsu　虹蔵れて見えず

えのきの梅あえ

【材料】（2人分）

○えのきだけ…100g
○酒…大さじ1
○梅干し…大きめ1個

【作り方】

1 えのきだけは食べやすい長さに切る。酒と一緒に鍋に入れ、弱火にかけてしんなりするまで火を通す。

2 梅をたたいてペースト状にして、**1**とあえる。

きのこと青のりのマリネ

[材料]（3〜4人分）
○きのこ…3〜4種各1パック
○オリーブオイル
○塩
○しょうゆ…少々
○青のり…適量

[作り方]
1 きのこを食べやすい大きさにしてボウルに入れ、ボウルごと蒸し器で5分程度蒸して火を通す。
2 オリーブオイル適量、塩適量で味を付ける。しょうゆを香り付け程度に加える。
3 青のりを振り、全体を混ぜ合わせる。

きのこのペースト

［材料］（作りやすい量）
○しいたけ、しめじ、マッシュルーム等きのこ3種…計400g程度
○にんにく…1片（薄切り）
○オリーブオイル
○塩…小さじ1弱
○酒…大さじ2

［作り方］
1　きのこ類は炒めやすい大きさに切るか手で裂いておく。
2　フライパンに多めのオリーブオイル適量とにんにくを入れ火にかける。良い香りがしてきたらきのこを入れ、塩を振り、ざっとあえる。
3　焼き色を付けるようにあまり動かさず、時々上下を返して10分ほど炒める。酒を入れアルコールを飛ばす。
4　粗熱を取り、フードプロセッサーでペースト状にする。パサついてうまくペーストにならないときはオリーブオイルを加える。

きのことソーセージのパスタ

【材料】（2人分）
○好みのパスタ…乾麺150g
○きのこのペースト…大さじ2〜3
　↓130頁
○パセリ…1〜2本（みじん切り）
○ソーセージ…2〜4本
○レモン…¼個
○塩
○オリーブオイル

【作り方】
1　パスタを塩ゆでする。
2　フライパンにオリーブオイル適量を温めソーセージを焼く。別皿に取る。きのこのペースト、パスタのゆで汁おたま2杯を温め、パスタを絡める。味を見て塩適量を振る。パセリを散らし全体に絡めて器に盛る。ソーセージとレモンを添える。

なめたけ

［材料］（作りやすい量）
○えのきだけ…200g
○調味料＝しょうゆ…大さじ2、みりん…大さじ2
○昆布…2～3㎝角1枚程度

［作り方］
1　水½カップに昆布を浸けておく。やわらかくなったらハサミで細く刻み、水と一緒にしておく。
2　えのきだけは石づきを取り、長さを半分にする。根元に近い方を手で裂いてばらばらにする。
3　鍋に**1**と**2**と調味料を入れ、中火で炊く。えのきだけがくったりとしてとろみが出て水分が上がってきたら火を止める。
◎大根おろしと、またはごはんにのせて。冷蔵庫で1週間程持ちます。冷凍もできるので、まとめて作り置きをしてもよいでしょう。

マッシュルームのトルコ風スープ

[材料]（4〜5人分）
○マッシュルーム…4〜5個（薄切り）
○玉ねぎ…½個（薄切り）
○オリーブオイル
○小麦粉…大さじ1
○ヨーグルト…大さじ4
○牛乳…1カップ
○塩、ホワイトペッパー
○バジル（乾燥）…少々

[作り方]

1 鍋にオリーブオイルを熱し、玉ねぎとマッシュルーム、塩少々を入れて炒める。

2 しんなりしたら小麦粉を加えて粉気がなくなるまで炒める。水1カップを加えて沸騰したら、弱火にして蓋をして10分煮込む。

3 **2**をミキサーにかけ攪拌(かくはん)する。鍋に戻す。

4 **3**に牛乳とヨーグルトを加える。ヨーグルトは溶けにくいのでスープでのばして加える。

5 **4**を火にかけ塩少々で味を調える。ヨーグルトの酸味があるので塩は弱めに。バジル、ホワイトペッパー少々を振る。

大雪 taisetsu　空寒く冬と成る

柿のキャラメリゼ

【材料】（3〜4人分）
○柿…1個
○きび砂糖…大さじ2
○バター…15g

【作り方】
1　柿は皮をむいて乱切りにする。
2　フライパンに砂糖とバターを入れ火にかける。砂糖が焦げてきたら柿を入れる。柿が固ければ蓋をして少し蒸し煮にする。
3　蓋を開けて水分を飛ばし、表面にキャラメルを絡ませる。

春菊と柿のサラダ

【材料】（2〜4人分）
○春菊…1袋
○柿…1個
○しいたけ…3〜4個
○大根…4〜5㎝くらい
○ドレッシングの材料＝ぽん酢…大さじ2、オリーブオイル…大さじ1、こしょう…少々

【作り方】
1　春菊は葉を手でちぎり水に放つ。水を切る。大根は千切りにして水に浸けてから水気を切る。柿は食べやすい大きさに切る。しいたけは¼個に切り網またはフライパンで焼いておく。
2　ボウルにドレッシングの材料を合わせ、野菜を入れて手でざっとあえる。

豆腐のクリーム

【材料】（作りやすい量）
○絹豆腐…250g程度
○白味噌…小さじ2
○塩
○牛乳または豆乳…小さじ2〜

【作り方】
1　豆腐は2〜3㎝角に切り、水からゆでる。3分程ゆでてざるにあけて、水気を切っておく。
2　**1**と白味噌、塩適量をフードプロセッサーまたはブレンダーで攪拌（かくはん）し、なめらかにする。牛乳を少しずつ加え、固さを調節する。好みで黒こしょう（分量外）を振る。
◎ベシャメルソースの代わりにしたり、白あえにしたりと重宝なクリームです。牛乳の量は豆腐の固さに合わせて加減してください。

れんこんのクロックムッシュ風

［材料］（1人分）
○好みのパン…1枚
○れんこん（厚さ3～4㎜の輪切り）…5～6枚
○ハムやパストラミなど…1～2枚
○豆腐のクリーム…適量 ↓136頁
○シュレッドチーズ…適量
○黒こしょう

［作り方］
1 パンの上に豆腐のクリームを薄めに塗り、ハム、豆腐のクリーム（厚めに）、れんこんの順に重ねる。
2 れんこんの上にチーズをのせ、トースターで焼き色が付くまで焼く。黒こしょう少々を振る。

れんこんと黒こしょうのスープ

[材料]（3〜4人分）
○れんこん…300g
○ベーコン…50g
○そばの実など雑穀…大さじ1と½
○オリーブオイル
○塩、黒こしょう

[作り方]
1 れんこんは⅓量を1㎝角に、残り⅔量をすりおろしておく。
2 鍋にオリーブオイル、ベーコンを入れ炒める。角切りのれんこんを加え炒める。
3 水3カップ、そばの実を加え10〜15分煮込む。
4 すりおろしたれんこんを加え、塩で味を調える。
5 器に盛り、オリーブオイル適量、黒こしょう少々を振る。
◎雑穀の代わりに炊いた玄米やごはんを入れるとお雑炊のようで朝にぴったりです。

根菜の温かいサラダ

［材料］（3〜4人分）
○れんこん…1節
○ごぼう…½本
○さつまいも…⅓本
○三度豆…10本程度
○ドレッシングの材料＝オリーブオイル…大さじ2、にんにく…1片、バルサミコ酢…大さじ1、しょうゆ…小さじ1、粒マスタード…小さじ1、蜂蜜…小さじ½

［作り方］
1　野菜は食べやすい大きさに切る。さつまいもは下ゆでしておく。
2　ドレッシングを作る。オリーブオイルを小鍋に入れ、にんにくを入れてゆっくり火を通す。このうち大さじ½をフライパンに移す。残ったオイルとにんにくを残りの調味料と混ぜ合わせておく。
3　オイルを入れたフライパンでさつまいも、れんこん、ごぼう、三度豆をじっくり焼く。**2**のドレッシングとあえる。

冬至 touji　乃東生ず

大根の塩麹漬け

【材料】（2〜3人分）
○大根…100g
○昆布…3㎝角程度
○塩麹…大さじ1
○メープルシロップ…大さじ1
○塩

【作り方】
1　大根はいちょう切りにする。塩少々を振りしばらく置き、水気を軽く絞る。昆布は表面を水でぬらし、やわらかくなったらハサミで細く切っておく。
2　塩麹とメープルシロップを合わせ、**1**とあえる。
◎翌日頃から食べ頃です。べったらのような甘めのお漬物です。

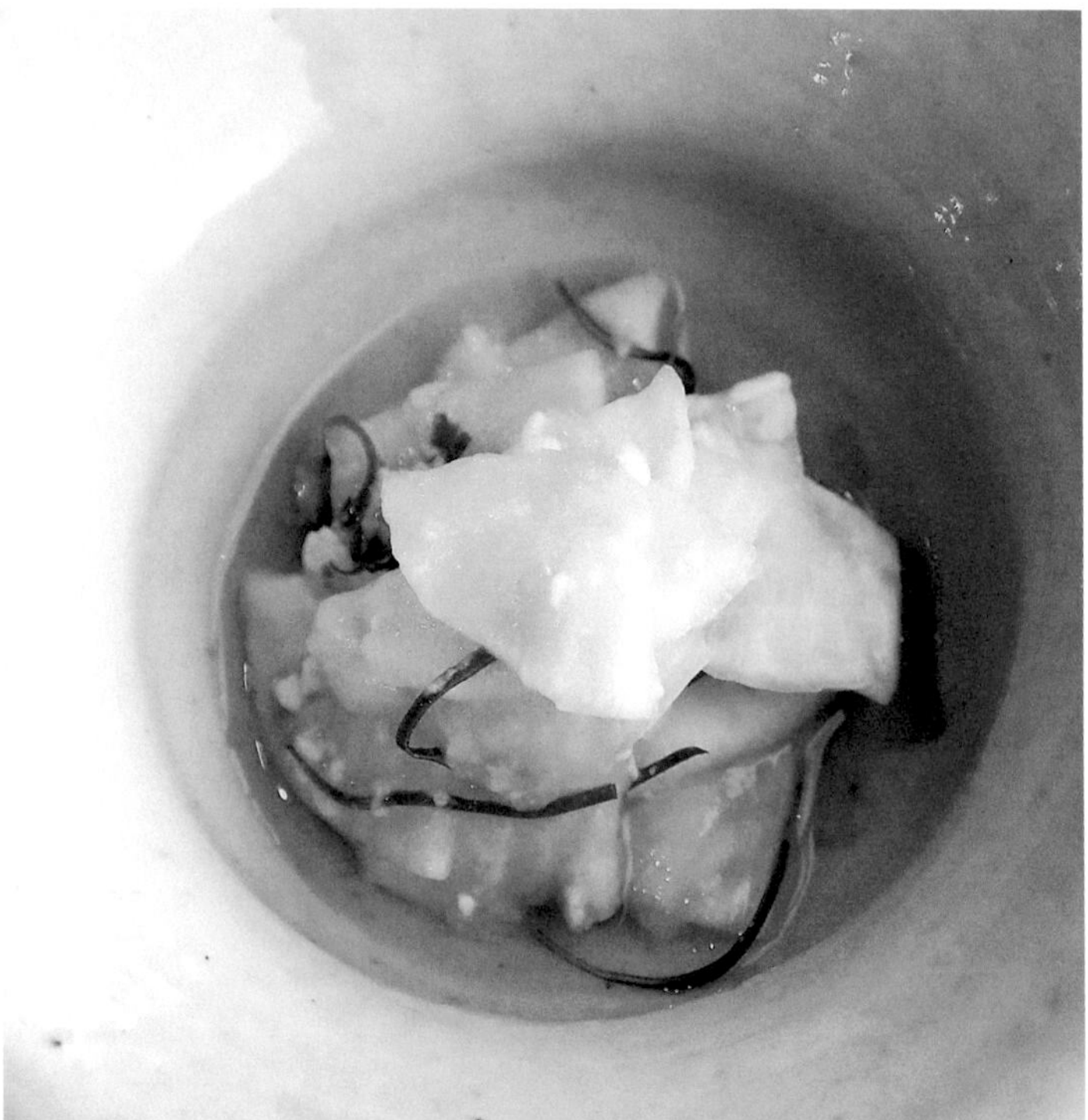

豚と大根の中華風煮込み

［材料］（3～4人分）
○大根…300g（いちょう切り）
○豚バラ薄切り肉…100g（3～4㎝幅）
○干ししいたけ…2枚（水½カップで戻し細切り）
○調味料＝しょうゆ…大さじ1と½、オイスターソース…大さじ1、みりん…大さじ1、酒…大さじ1
○にんにく…1片（薄切り）
○小麦粉…大さじ1
○水溶き片栗粉（片栗粉…大さじ1、水…大さじ2）
○サラダ油

［作り方］
1 小麦粉を溶かした水で大根を10分下ゆでし、ざるにあける。
2 鍋にサラダ油少々を熱し、にんにくと豚肉を炒める。水2カップ、しょうゆ、オイスターソース、みりん、酒を加え、下ゆでした大根と、干ししいたけを戻し汁ごと入れる。
3 20分煮込み、片栗粉でとろみを付ける。

大根と牛すじ肉のスープ

【材料】（2～3人分）
○大根…200g
○牛すじ肉…100g（下ゆでしておく）
○しょうが…1片
○ねぎ…1本
○サラダ油
○ごま油
○黒こしょう

【作り方】
1　大根はいちょう切りに、牛すじ肉は食べやすい大きさに、しょうがは千切りに、ねぎは斜めに細く切る。
2　鍋にサラダ油少々としょうがを炒め、牛すじ肉、大根を加える。水500ccを加え、牛すじ肉がやわらかくなるまで煮込む。ねぎを加え、塩（分量外）で味を調え火を止める。ごま油少々を回しかけ、黒こしょう少々を振る。

切り干し大根とセロリのあえ物

［材料］（2～4人分）
○切り干し大根…20g
○油揚げ…½枚
○セロリ…1本
○ザーサイ（味付け）…40g
○調味料＝しょうゆ…大さじ1、酢…小さじ1、ごま油…大さじ1
○いりごま…適量

［作り方］
1　切り干し大根は水に浸けて戻す。水気を絞る。
2　油揚げは両面を焼き、短冊に切る。セロリは斜めに薄切り。ザーサイは千切りにする。
3　調味料を合わせ、**1**、**2**をあえる。ごまを振る。

りんごとごぼうのサラダ

［材料］（2〜3人分）
○りんご…½個
○セロリ…½本
○ごぼう…½本
○ドレッシングの材料＝オリーブオイル…大さじ2、フランボワーズビネガー…大さじ2、塩とこしょう…各少々

［作り方］
1 りんごは拍子切り、セロリは斜めに薄切りにする。ごぼうはささがきにしてゆでておく。
2 オリーブオイル、ビネガー、塩、こしょうを合わせてドレッシングを作り、**1**とあえる。

チョコレートプリン

［材料］（3～4人分）
○牛乳…150cc
○生クリーム…100cc
○製菓用ビターチョコレート…40g
○卵…1個
○グラニュー糖…40g

［作り方］
1　鍋に牛乳、生クリーム、チョコレートを入れて火にかけ、沸騰直前に火を止める。混ぜてチョコレートをよく溶かす。
2　ボウルに卵とグラニュー糖を入れ、ホイッパーでよく混ぜ合わせる。**1**の鍋の材料を少しずつ加えて混ぜる。
3　**2**をざるでこし、耐熱性のあるカップに等分する。
4　オーブンの天板にふきんを敷き、**3**を並べる。天板に熱湯を注ぐ。130℃に予熱したオーブンで30～35分焼く。粗熱が取れたら冷蔵庫で冷やす。
◎蒸し器で蒸しても。少しやわらかめの仕上がりです。そのままでおいしいですが、写真ではフランボワーズのジャムをかけました。

小寒 shoukan　芹栄う

焼きりんご

【材料】（1～2人分）
○りんご…1個
○きび砂糖…大さじ2
○バター…大さじ1

【作り方】
1　りんごの芯を取る。底を外さないようにする。
2　きび砂糖とバターを芯の部分に詰め、180℃に予熱したオーブンで30～40分焼く。

白菜と豚の蒸し煮

［材料］（3〜4人分）
○白菜…¼個
○豚バラ薄切り肉…100〜150g
○昆布…5cm角程度1枚
○薄口しょうゆ…大さじ1
○みりん…大さじ1
○ゆずの皮…½個分

［作り方］
1 白菜と豚肉は4〜5cm長さに切っておく。
2 鍋に昆布を入れ、その上に白菜と豚肉を交互に層になるように重ねて入れる。最後は白菜にします。
3 水1カップ、薄口しょうゆ、みりんを加え、蓋をして蒸し煮にする。ゆずの皮を千切りにしておく。
4 白菜がくったりするまで炊き、器に盛る。ゆずの皮をのせる。

白菜のサラダ

［材料］（2〜3人分）
○白菜…2〜3枚
○ベーコンまたはソーセージ等…30〜40g
○クルトンまたはパン…適量
○ドレッシングの材料＝マヨネーズ…大さじ1と½、オリーブオイル…大さじ1と½、牛乳…小さじ1、レモン汁…小さじ2、塩とこしょう…各少々

［作り方］
1　白菜は1㎝幅に刻み、水にさらし水気をよく切っておく。ベーコンまたはソーセージは食べやすい大きさに切り、炒めておく。
2　ドレッシングの材料を合わせる。器に**1**の材料、クルトンを盛り、ドレッシングをかける。
◎硬めのパンを小さく切り、フライパンで焼いてクルトンの代わりにしています。ドライフルーツやナッツ入りのパンで作るのもおすすめです。

白菜とゆずのお漬物

【材料】（作りやすい量）
○白菜…¼個程度
○ゆず…1個
○昆布…5㎝角1枚程度
○塩…白菜の重さの2％

【作り方】
1　白菜は3〜4㎝長さに切り、ゆずの皮を千切りに、果汁を搾り、種を取り除いておく。昆布はさっと水で濡らし、しばらく置いてやわらかくなったら細くハサミで刻んでおく。
2　ボウルに全ての材料を入れ、よくあえる。上からボウルや丼型の器などを重ね、重しをのせる。3〜4時間して水が上がってきたら容器に入れる。

冬野菜と塩麹のミネストローネ

［材料］（2〜4人分）
○白菜…2枚（1㎝幅に切る）
○さといも…3個（皮をむいて2㎝角程度に切り、塩でもんでぬめりを取り、水洗いしておく）
○小かぶ…1個（2㎝角に切る）
○ベーコン…スライス2枚（2㎝幅に切る）
○長ねぎ…½本（小口切り）
○ゆでた大豆や白いんげん豆…1カップ程度
○塩麹…大さじ1〜1と½
○酒…大さじ2
○あればパルミジャーノ・レッジャーノ

［作り方］

1 鍋にオリーブオイル（分量外）を敷き、火にかける。長ねぎを入れて炒め、白菜、さといも、かぶ、ベーコンも続いて加えて炒める。
2 水4カップ、酒を加え、蓋をして15〜20分程度煮込む。大豆は白菜等を10分程煮込んでから加える。
3 火が通ったら塩麹を入れ、味を加減する。
4 器に盛り、あればパルミジャーノ・レッジャーノをかけていただく。

白菜ときのこのパスタ

【材料】（2人分）
○好みのパスタ…180g
○好みのきのこ…2種程度合計150〜200g（食べやすい大きさに切る）
○ベーコン…30g（短冊切り）
○白菜…1枚（繊維と垂直に1㎝幅に切る）
○ホールトマト…400g
○にんにく…1片（包丁の腹でたたいてつぶす）
○赤唐辛子…1本（種を除いておく）
○オリーブオイル、塩
○パルミジャーノ・レッジャーノ…すりおろしたもの大さじ1程度

【作り方】
1 パスタを指定時間ゆでる。
2 フライパンにオリーブオイル適量とにんにくを入れ火にかける。きのこと唐辛子を加え焼き色を付ける。きのこを裏返すとき、ベーコンを加え炒める。唐辛子を取り出す。
3 ベーコンときのこに火が通ったら白菜を加え油が馴染んだらトマトを加える。10分弱火で煮る。チーズを加え塩少々で味を調える。
4 パスタとソースをあえ、器に盛る。

大寒 daikan　款冬華さく

ポーチドエッグのせごはん

【材料】（1人分）
○ごはん…お茶わん1膳
○卵…1個
○酢…大さじ2
○塩
○しょうゆ、または、だししょうゆ…適量

【作り方】
1　ポーチドエッグを作る。水5カップを鍋に沸かし、沸騰したら酢と塩少々を入れ、弱火にする。
2　鍋の湯を菜箸で円を描くように混ぜる。真ん中の部分に、器に割り入れた卵をそっと落とし入れる。
3　3分そのまま弱火でゆで、網じゃくしですくう。
4　**3**をごはんの上にのせ、しょうゆ、または、だししょうゆをかけていただく。

トマトとポーチドエッグのスープ

［材料］（2人分）
○玉ねぎ…½個
○トマト…½個
○キャベツ…1枚
○じゃがいも…1個
○マッシュルーム…4個
○ベーコン…薄切り1枚
○オリーブオイル
○塩
○オレガノ…少々
○ポーチドエッグ…2個　↓152頁

［作り方］
1　玉ねぎはみじん切りに、トマトとキャベツ、じゃがいもは2㎝角程度に、マッシュルームは薄切りに、ベーコンは2㎝幅に切る。
2　鍋にオリーブオイル少々を入れて火にかけ、**1**の材料と塩少々を入れて炒める。野菜がしんなりしたら水1と½カップを加え、蓋をして10〜15分炊く。
3　味を見て塩を入れ、器に入れる。上にポーチドエッグをのせ、オレガノ、オリーブオイルを振る。

カリフラワーとブルーチーズのスープ

［材料］（2～3人分）
○カリフラワー…½個
○じゃがいも…1個
○玉ねぎ…½個
○昆布だし…500cc
○ゴルゴンゾーラ等好みのブルーチーズ…適量
○オリーブオイル

［作り方］
1　カリフラワーは小房に分け、じゃがいもと玉ねぎは薄切りにする。
2　鍋にオリーブオイル適量を入れ、火にかけ、玉ねぎ、カリフラワー、じゃがいもを炒める。昆布だしを加えて蓋をして15分程度煮込む。
3　一度蓋を開けて野菜をしゃもじ等で半つぶしにする。蓋をしてさらに15分程度煮込み、もう一度しゃもじで野菜をつぶす。チーズを溶かす。味を見て塩（分量外）を加減する。

温野菜のサラダ

[材料]（2人分）
○好みの野菜（キャベツ、にんじん、かぶ、トマト、いんげん豆等）
○しめじ…100g
○ベーコン…30〜40g
○アンチョビー…3〜4切れ
○オリーブオイル
○ポーチドエッグ…2個　↓152頁

[作り方]
1　野菜は蒸すかゆでておく。
2　フライパンにオリーブオイル少々を入れ、しめじ、ベーコンを炒める。あまり動かさず焼き色を付けるように。アンチョビーを加えて混ぜ合わせる。
3　器に**1**の野菜を盛り付け、**2**をオイルごと添える。ポーチドエッグを一つずつのせる。卵と炒めたしめじを野菜に絡めながらいただく。

パンケーキエッグベネディクト

【材料】（2人分）

○パンケーキ4枚　↓22頁（薄めに焼く）

○オランデーズソースの材料＝卵黄…1個分、バター（溶かしておく）…60g、レモン汁…大さじ½、塩…ふたつまみ、こしょう…少々

○ポーチドエッグ…2個　↓152頁

【作り方】

1　オランデーズソースを作る。ボウルに卵黄と水大さじ1を入れ、湯せんにかけながら泡立てる。湯せんはポーチドエッグの湯を使うとよい。

2　溶かしたバターを温め、**1**に少しずつ加えながらさらに泡立てる。レモン汁、塩、こしょうを加え、味を調える。

3　パンケーキを焼く。

4　器にパンケーキ1人2枚ずつ盛り、ポーチドエッグを1個ずつのせる。上からオランデーズソースをかける。

新玉ねぎとアーモンドのスープ

［材料］（4人分）
○新玉ねぎ…1個
○じゃがいも…2個
○昆布だし…600cc
○アーモンドミルク…200〜300cc
○塩麴…適量
○オリーブオイル
○スライスアーモンド…適量（トースターやフライパンで焼き色を付けておく）

［作り方］
1　玉ねぎは繊維に直角に薄切り、じゃがいもは5㎜程度の厚さに切る。
2　鍋にオリーブオイル適量を熱し、玉ねぎとじゃがいもを炒める。昆布だしを加えて蓋をして、15〜20分弱火で煮込む。
3　2をブレンダーまたはミキサーで攪拌（かくはん）する。アーモンドミルクを加え、塩麴で味を調える。器に盛り、スライスアーモンドをのせる。
◎スライスアーモンドがクルトンの代わりです。焼きたての香ばしさがあるうちにスープに入れてください。

おわりに

帰り道、自転車を漕ぎながら、もうあの花が咲いてる、金星が西の空にでてる、
通り道のよい風情をした建物なんかをぼんやりと眺めながら、
そのうちにどこからかいい匂い、なに食べよ、
たしか冷蔵庫に残っていたのは…、帰りにあの豆腐を買って…、
そんなふうに少しずつ頭のなかを仕事から家にむける。

店に並ぶ野菜や魚をみているとまた気持ちが動く。
ああこれ昨日まで並んでいなかった、初物におもわず手が伸びる。
夕暮れ時の慌しい時間のなかで買い物をする数分にわくわくし、
一皿好きなものを食べる時間があれば
不思議と一日を機嫌よく終えることができる。

その日食べたいものを追いかけているうちに季節はあっという間にひとまわりして、
それを数年繰り返すうち、そろそろ栗が始まるな、紅玉りんごはまだだろうか、
と次に食べられるであろうものを待ちきれず、そわそわするようになる。
旬の菜果を知るとなんとなく通り道の草花に目がいくようになり
自然に季節をごく近くで感じるようになってきた。

立春を迎える頃を、一年の始まりと考えると
春、芽吹きの季節とともに新年が始まる。
冷たい地面から顔をだしたほろ苦い山の恵みに
季節の始まりを感じて移り変わってゆく実りを味わい
やがて雪のなかに植物たちが眠る冬を迎える。
季節とともに暮らしているようでまた春が巡ってくるのがいっそう嬉しくなる。
こんな私だけのたのしみをお裾分けするような気持ちで書いた
日記のような小さな日々のレシピが、
暮らしの彩りのひとつになりましたら幸いです。

レシピ一覧

春

春分

桜シロップ 026

あさりと春キャベツの酒蒸し 027

うすいえんどうのおはぎ 028

うすいえんどうのポタージュ 029

うすいえんどうのディップ 030

うすいえんどうと文旦の白あえ 031

清明

たけのこのきんぴら 032

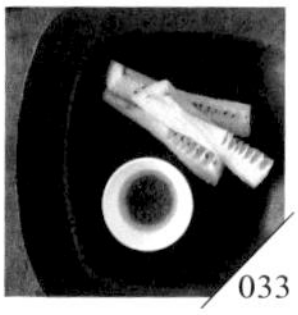
たけのこのグリルアンチョビーソース 033

たけのことたたききゅうりの唐辛子あえ 034

たけのこと牛肉の煮物 035

たけのこの山椒あえ 036

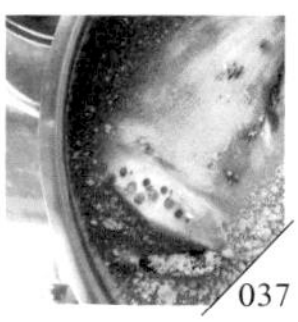
たけのこのあく抜き・ゆで方 037

穀雨

焼きそら豆 038

そら豆のコロッケ 039

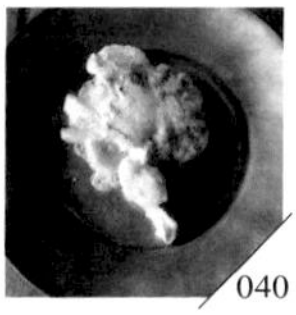
そら豆のかき揚げ 040

そら豆のペペロンチーノ 041

レモンマーマレード 042

レモンマーマレードようかん 043

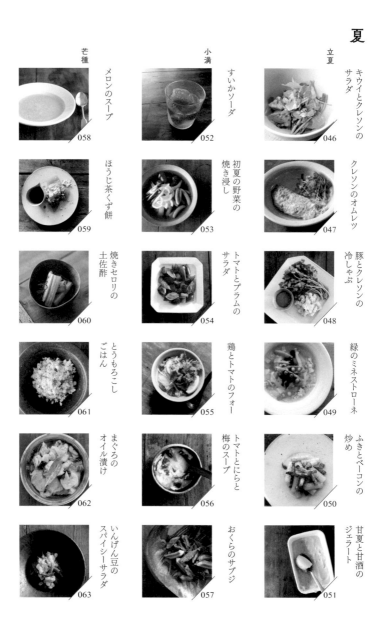

夏

立夏

046 キウイとクレソンのサラダ

047 クレソンのオムレツ

048 豚とクレソンの冷しゃぶ

049 緑のミネストローネ

050 ふきとベーコンの炒め

051 甘夏と甘酒のジェラート

小満

052 すいかソーダ

053 初夏の野菜の焼き浸し

054 トマトとプラムのサラダ

055 鶏とトマトのフォー

056 トマトとにらと梅のスープ

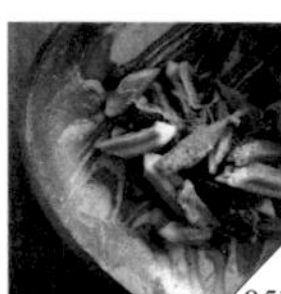
057 おくらのサブジ

芒種

058 メロンのスープ

059 ほうじ茶くず餅

060 焼きセロリの土佐酢

061 とうもろこしごはん

062 まぐろのオイル漬け

063 いんげん豆のスパイシーサラダ

夏至

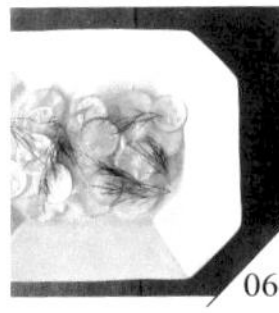
064 ズッキーニのサラダ

065 豚とズッキーニの黒酢炒め

066 ズッキーニとミントのスープ

067 ズッキーニのフリット

068 さくらんぼのジャム

069 梅のソーダ

小暑

070 葉しょうがの肉巻き

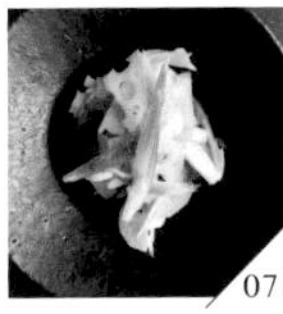
071 新しょうがとみょうがの甘酢漬け

072 新しょうがとレモンのジンジャーエール

073 ドライカレー

074 ひよこ豆のサモサ

075 冷たい豆乳麺

大暑

076 フレッシュトマトのサルサソース

077 タコス

078 トルティーヤ

079 桃のコンポート

080 枝豆とパクチーの白あえ

081 きゅうりのライタ

秋

立秋

084 クミン枝豆

085 きゅうりと牛肉の黒酢炒め

086 冬瓜のソムタム

087 冬瓜の実山椒炒め

088 ゴーヤーとトマトのスパイス炒め

089 枝豆のアイスクリーム

処暑

090 甘長唐辛子と豚のおろしあえ

091 甘長唐辛子のオイル煮

092 よだれ鶏だれ

093 ゆで鶏の冷やし中華

094 いちじくと根菜のサラダ

095 なしとすだちのジャム

白露

096 栗とマッシュルームのスープ

097 なすの揚げ浸し

098 なすのアンチョビーネギソース

099 セミドライトマトとなすのバルサミコマリネ

100 豆乳茶わん蒸し

101 いなりずし

冬

立冬

小かぶのオリーブオイル焼き 122

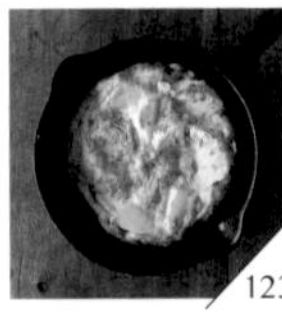
小かぶのスパニッシュオムレツ 123

かぶのクラムチャウダー 124

小かぶのマーマレードマリネ 125

れんこんのクミン焼き 126

ほうじ茶のチャイ 127

小雪

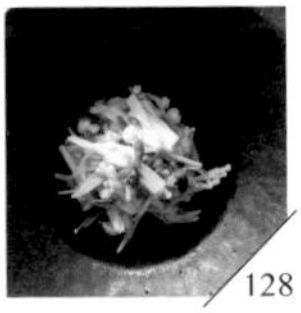
えのきの梅あえ 128

きのこと青のりのマリネ 129

きのこのペースト 130

きのことソーセージのパスタ 131

なめたけ 132

マッシュルームのトルコ風スープ 133

大雪

柿のキャラメリゼ 134

春菊と柿のサラダ 135

豆腐のクリーム 136

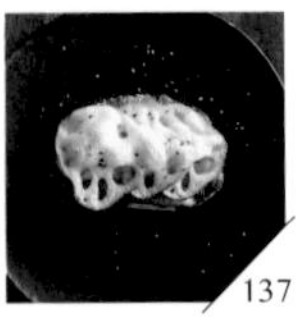
れんこんのクロックムッシュ風 137

れんこんと黒こしょうのスープ 138

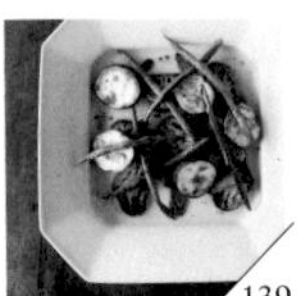
根菜の温かいサラダ 139

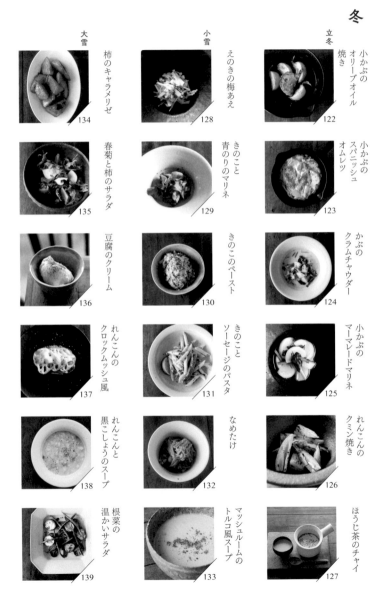

冬至

小寒

大寒

森下美津子

料理家。インテリアコーディネーターを経て京都市内で2003年より教室「日曜日のごちそう」を開き、パン、ジャムの教室、季節の野菜や果物を使用したシンプルなレシピを提案する料理の会を開催する。レシピ、京都のおいしいもの、器づかい等を書籍、雑誌に提案するほか、各地の料理会やイベントに参加している。工房が制作するジャム、焼き菓子等は季節の果物の独特な組み合わせが人気で全国に卸売りをおこなっている。本書は京都新聞での1年間の連載をまとめた初の著書。

教室HP　http://dimanche.cocotte.jp
Instagram　nichiyoubinogochisou

文
森下美津子

写真
安達雅文・熊谷修・佐伯友章・辰巳直史・田村泰雅・人見尚汰・船越正宏・増山遼・三木千絵・水澤圭介・山本健太（京都新聞写真部）
森下美津子
わたなべよしこ

デザイン
HON DESIGN
（北尾崇・小守いつみ）

編集
宮下知子

季節を家につれてくる
――旬をみつける小さなごちそう――

発行日　２０２１年１月30日　初版発行
著　者　森下 美津子
発行者　前畑 知之
発行所　京都新聞出版センター
〒６０４-８５７８
京都市中京区烏丸通夷川上ル
電話　０７５-２４１-６１９２
ＦＡＸ　０７５-２２２-１９５６
http://www.kyoto-pd.co.jp/book/

印刷・製本　株式会社 サンエムカラー

ISBN978-4-7638-0740-3　C0077

本書は２０１９年５月～２０２０年４月に京都新聞に掲載した連載「日曜日のごちそう」から抜粋し、加筆修正をしたものです。